El Poder de los Límites

Técnicas Prácticas para Decir Fácilmente No (o Sí), Establecer Límites Claros, Construir Respeto Mutuo y Retomar el Control de Tu Vida, Sin Sentimientos de Culpa

Logan Mind

© DERECHOS DE AUTOR 2024 - TODOS LOS DERECHOS RESERVADOS..4

¡Un Regalo para Ti! 5

Otros Libros..7

¡Ayúdame! 9

¡Únete a mi equipo de reseñas!... 10

Introducción.. 11

Capítulo 1: Comprendiendo los Límites............................... 14

Capítulo 2: El Fundamento de los Límites Saludables 23

Capítulo 3: La Psicología de los Límites............................... 33

Capítulo 4: Tipos de Límites 42

Capítulo 5: Leyes de los Límites 53

Capítulo 6: El Arte de Decir No.. 64

Capítulo 7: Estableciendo límites claros.............................. 74

Capítulo 8: Construyendo respeto mutuo 86

Capítulo 9: Límites en las relaciones familiares.................. 97

Capítulo 10: Límites en las Relaciones Románticas 109

Capítulo 11: Límites en el lugar de trabajo 118

Capítulo 12: Límites en las amistades *130*

Capítulo 13: Manteniendo y Ajustando Límites *142*

Para concluir *154*

¡Únete a mi Equipo de Reseñas! *156*

¡Ayúdame! *157*

© DERECHOS DE AUTOR 2024 - TODOS LOS DERECHOS RESERVADOS.

El contenido de este libro no puede ser reproducido, duplicado o transmitido sin el permiso escrito directo del autor o del editor. Bajo ninguna circunstancia se atribuirá responsabilidad legal o culpa al editor o al autor por cualquier daño, reparación o pérdida monetaria debido a la información contenida en este libro, ya sea directa o indirectamente.

AVISO LEGAL:

Este libro está protegido por derechos de autor. Es solo para uso personal.

No se puede modificar, distribuir, vender, usar, citar o parafrasear ninguna parte o el contenido de este libro sin el consentimiento del autor o del editor.

¡Un Regalo para Ti!

Inteligencia Emocional para el Éxito Social

Aquí tienes lo que **encontrarás** en el libro:

- Técnicas para mejorar tus **relaciones** interpersonales.

- Estrategias para aumentar tu inteligencia **emocional**.

- Consejos para manejar el **estrés** y la ansiedad en situaciones sociales.

Simplemente haz clic o sigue el siguiente **enlace** para descargar tu libro gratis:

https://pxl.to/loganmindfreebook

¡Descarga tus 3 EXTRAS GRATIS también!

Estos extras son una excelente forma de **complementar** tu lectura y poner en práctica lo que aprenderás en el libro. No te los pierdas:

- Extra 1: Un PDF descargable para un reto **práctico** de 21 días sobre el libro.

- Extra 2: 101+ Afirmaciones de Límites.

- Extra 3: Lista de Verificación de **Conciencia** de Límites Personales.

Simplemente haz clic o sigue el siguiente enlace para obtener **acceso** instantáneo a los extras:

https://pxl.to/11-tpob-lm-extras

Otros Libros

Tus ganas de **crecimiento** personal e interior están a punto de fortalecerse. Si te ha interesado este libro, te invito a descubrir el resto de mis obras enfocadas en mejorar tu **mente** y encontrar tu propio **bienestar**.

En la serie *Calm Your Mind NOW!*, no te puedes perder *Letting Go*, un método directo para despojarte de los pensamientos nocivos y recuperar la **tranquilidad** interna. Asimismo, *Rewire Your Brain* te enseñará técnicas para reprogramar tus patrones mentales de manera efectiva. Si la **ansiedad** social es un obstáculo en tu vida, *Overcoming Social Anxiety* tiene las herramientas que necesitas para superarla.

La serie *Heal Your Mind NOW* ofrece *How to Heal from Family Trauma*, diseñada para ayudarte a cerrar viejas **heridas**.

Finalmente, en la serie *Improve Yourself NOW*, encontrarás *You Are Amazing*, un impulso para elevar tu **autoestima**.

Si buscas más **recursos** o deseas conectarte conmigo, te invito a:

• Seguir el enlace provisto.

• Hacer clic en "All My Books".

• Seleccionar los libros que más te interesen.

• Acceder a mi información de contacto al final de la página enlazada.

Consulta todos mis libros y contactos aquí:

https://pxl.to/LoganMind

¡Ayúdame!

Cuando termines de leer este libro, tu opinión puede hacer una gran diferencia.

Apoyar a un autor independiente es más que comprar un libro; **es brindarle alas a un sueño**. Si mi libro te dejó **satisfecho** o te aportó algo valioso, te agradecería mucho si pudieras dedicar unos momentos para dejar una reseña honesta.

Las **reseñas** de lectores como tú ayudan a que más personas descubran y disfruten de **contenidos** interesantes y, al mismo tiempo, animan a los autores a seguir creando.

Si tienes alguna **sugerencia** para mejorar, estaré más que feliz de escucharla. Puedes encontrar métodos de contacto en el enlace a continuación.

Tu voz cuenta, y toma solo unos segundos marcar la diferencia.

Entra al siguiente enlace para dejar un comentario:

Visita este enlace para dejar una reseña:

https://pxl.to/11-tpob-lm-review

¡Únete a mi equipo de reseñas!

Gracias por tu tiempo y por estar inmerso en las páginas de mi **libro**. Tu **opinión** es muy valiosa para mí, y me emociona invitarte a formar parte de mi equipo de reseñas. Si te **entusiasma** la lectura, puedes recibir una copia gratuita de mi libro y compartir conmigo tu retroalimentación sincera. ¡Esto me ayudaría enormemente a **mejorar** y seguir creando con **pasión**!

¿Cómo unirte al equipo de reseñas?

• Haz clic en el **enlace** que te dejo abajo.

• Ingresa tus datos en el formulario para que pueda notificarte cada vez que tenga un nuevo libro.

• Recibe el libro sin costo y comparte tu **opinión** honesta.

Echa un vistazo al equipo en este enlace:

https://pxl.to/loganmindteam

Introducción

¿Has estado antes en una situación en la que simplemente no pudiste decir "**no**" cuando querías? A lo mejor fue un domingo, y simplemente te apetecía **descansar**, pero algún amigo insistió para que salieras y tú, sin quererlo del todo, dijiste que sí. O quizás en el trabajo, donde te resulta casi imposible establecer ese **límite** que separa tu vida laboral de tu espacio personal. Me imagino cómo te sientes—porque yo también he estado ahí. Mucho más de lo que quisiera admitir.

Ya ves, este asunto de los límites no es algo que enseñen en la **escuela**. De hecho, a menudo nos piden—en casa, en el trabajo, en nuestras relaciones—que ignoremos nuestras necesidades para complacer a otros. Y ahí es donde empieza la confusión. ¿Qué son los límites? ¿Por qué son tan fundamentales? Pues bien, eso es exactamente de lo que trata este libro.

He pasado gran parte de mi vida estudiando el **comportamiento** humano y las complicaciones que surgen cuando no tenemos claridad en nosotros mismos. Y te digo algo... en cada conversación profunda que he tenido con alguien, apareció este tema de los límites. Ya sea un ejecutivo experimentado o alguien buscando darle sentido a su vida personal, el resultado es el mismo: cuando no establecemos límites adecuados, esos límites que protegen nuestras emociones, nuestro tiempo, nuestra energía... terminamos sintiéndonos agobiados, agotados, y muchas veces, resentidos.

Tengo que ser honesto: aprender a poner límites no es algo que muchos hacen naturalmente. Puede que pienses que establecer un límite es egoísta, insensible, o que de alguna manera te hace "mala persona". La verdad es que NO es así. Establecer límites claros no solo es necesario para tu **bienestar** mental y emocional, sino que también demuestra que sabes dónde terminan tus necesidades y dónde empiezan las de los demás. ¡Y eso no tiene nada de negativo! Serás más efectivo en todo lo que hagas—en el trabajo, en tus relaciones, en cómo te cuidas a ti mismo—cuando domines el poder de los límites.

Lo que quiero compartirte en este libro no son solo conceptos abstractos. He trabajado con mucha gente—ejecutivos, padres, parejas—y sí, incluso amigos que han visto su vida cambiar al aprender a reconocer, construir y hacer respetar sus propios límites personales. Y de eso quiero hablarte, cómo este hacer y rehacer tus propios límites puede dártelo todo... control sobre tu vida, **relaciones** más saludables, y un respeto—por ti mismo y de los demás—que probablemente ni sabías que estaba al alcance.

Por supuesto, con toda buena intención, llegan también ciertos desafíos. Tal vez pienses que no tienes derecho a decir "no". O que al hacerlo, las personas que te rodean se sentirán heridas o enfadadas. Quizás ya te has encontrado en la situación incómoda de tener que "defender" un límite que alguien no respetó—y te quedaste sin saber cómo afrontar esos momentos. Estas situaciones son difíciles, sí, pero una vez que comprendas y practiques el cómo y el porqué de los límites, estas dificultades no serán más que pequeños baches en el camino. Porque sabrás cómo enfrentarlos, cómo mantenerte firme, sin importar cuánto te cueste.

Ahora, probablemente te estés preguntando, "¿Cómo podría todo esto funcionar para mí?" Tener dudas sobre cómo reaccionarán los otros es bastante común. Después de todo, si uno empieza a cambiar la dinámica de las relaciones sin previo aviso, puede que algunas personas lo tomen mal. Pero he encontrado que, aunque al principio puede haber cierta resistencia, la gran mayoría de las personas terminan respetando (¡y apreciando!) que marques límites claros. A lo largo del libro, resolveremos estas dudas y más, para que puedas tomar el **control** sin temor a dañar tus relaciones o tu autoestima.

Finalmente, quiero que sepas que en la búsqueda de reforzar o reconstruir tus propios límites no estarás solo. Yo también he tenido que aprender—paso a paso, fallo tras fallo. Pero lo más fascinante es esto: cuando logras entender y aplicar cómo establecer esos límites, te garantizo que todo ese esfuerzo se volverá un punto de luz en tu vida. Me emociona mucho poder compartir contigo todo lo que he aprendido.

Este libro es la herramienta que, sin darte cuenta, has estado buscando desde hace tiempo. Que no sólo cambiará cómo te relacionas con los demás... sino también cómo te relacionas contigo mismo. Al decir "sí" sólo a lo que te importa—y "no" a lo que te roba energía—verás cómo cambia tu vida para mejor. Estás a punto de entrar en un proceso poderoso que te llevará a una mayor seguridad en quién eres y qué quieres. Una claridad que todos, hasta el último de nosotros, merecemos y necesitamos.

Así que, ahora más que nunca, pienso en lo importante que es que pienses en tus límites como una forma de **amor** propio. No egoísmo. No frialdad. Simplemente ese poquito de atención que te debes a ti mismo y que, faltaba más, establecerá relaciones mucho más saludables y una vida más plena.

Capítulo 1: Comprendiendo los Límites

¿Alguna vez te has **preguntado** por qué ciertas **relaciones** funcionan y otras no? Bueno, yo también, y esa duda me llevó a indagar más sobre los **límites**. Este capítulo puede empezar a cambiar la forma en que ves las **interacciones** a tu alrededor. Aquí no estamos tratando de poner muros, sino más bien de establecer espacios saludables. Quizás ya lo sabías, o tal vez no del todo. Ahora vamos a **explorar** juntos qué entiendes y cómo estos límites pueden influir en tu **crecimiento** personal.

A veces, pensamos en los límites como algo estricto o negativo, ¿verdad? Pero, en realidad, al definirlos, empiezas a notar cambios sutiles en cómo te sientes y te relacionas con el **mundo**. En este capítulo todo comienza por examinar con atención cómo reconoces y aplicas tus límites. El **conocimiento** sobre tus propios límites es como una semilla. Eso puede sorprenderte, ¿qué opinas?

¿Qué Son los Límites?

Cuando piensas en límites personales, lo más probable es que los sientas como algo abstracto o difícil de definir. Pero son simplemente esos **límites** internos que trazas para proteger tu paz mental y emocional. Son como pequeñas "fronteras" que decides establecer para evitarte malos tragos o, al menos, reducir el impacto de ciertas situaciones en tu vida. Tener estos límites claros es crucial para tu bienestar psicológico. Sin ellos, te arriesgas a soportar situaciones que te incomodan, te agotan, o incluso dañan tu autoestima.

Y te cuento que los límites no son solo un concepto raro que hay que explorar profundamente. Se trata, más bien, de una forma directa de decidir dónde termina el **respeto** a ti mismo y dónde empieza el respeto a los demás. ¿Te ha pasado que te sientes agotado por ayudar a todo el mundo o decir "sí" cuando en el fondo querías decir "no"? Al final del día, sin límites definidos, es fácil perderte en la vida de los demás y olvidarte de la tuya propia... ¡No más! Saber qué aceptar y qué rechazar es bien importante para cuidar tu **salud** mental.

Dicho esto, hay diferentes tipos de límites, que se pueden imaginar como capas que protegen diferentes aspectos de tu vida. Los físicos son bastante directos. Son esos límites que pones sobre tu espacio o tu cuerpo. Por ejemplo, que no te gusta que te toque gente con la que no tienes mucha confianza o que prefieres un espacio determinado cuando duermes. De alguna manera, se entienden en todo lugar, y aunque a algunos les parezca "raro", simplemente son necesarios.

Por otro lado, tenemos los límites **emocionales**. Son un poco más complicados, porque tienen que ver con lo que sientes, lo que te duele o lo que te hace feliz. En ese tipo de situaciones, la clave está en proteger y priorizar tus sentimientos antes de permitir que otros los afecten de manera nociva. Puede que alguien necesite hablar de sus problemas, pero hay ocasiones en que emocionalmente no estás dispuesto a cargar con ese peso extra y ¡está perfecto que así sea! Respetar estos límites es respetarte a ti mismo.

Y mira, también hablamos de límites **mentales**, que tratan más de tus creencias, pensamientos y valores. ¿Hasta dónde permites que otros influyan en tu forma de ver el mundo o en lo que crees correcto o incorrecto? Es fundamental tener claro este tipo de límites para no perder de vista tus principios y no diluir tus ideas en la opinión de la mayoría.

En fin, estableciendo límites saludables, no solo te haces más consciente de lo que te hace bien o mal, sino que también construyes **relaciones** más sólidas. Sí, definitivamente, para tener una relación en la cual el respeto esté en su centro, es imprescindible aprender a reconocer y manifestar claramente esos límites. ¿Sabes qué más? Automáticamente, esto refuerza el concepto que tienes sobre tu valor personal, aquello que suena como "buena autoestima". Responder a tus propias necesidades te recuerda que eres tan importante como quienes te rodean.

En resumen, los límites personales son esa **herramienta** que disfrutarás cuando te des cuenta de que no solo preservan tu bienestar psicológico sino que además potencian tus relaciones y te refuerzan desde adentro. ¡Tío! Se trata de cuidarte y mantener a raya lo que no suma. Y es aquí donde empieza a cambiar tu circunstancia y te defines: Esto colocará tu vida en un **rumbo** definido por el respeto propio y hacia los demás.

La Importancia de los Límites en el Crecimiento Personal

No hay nada como el instante en que entiendes realmente la relevancia de los **límites** en tu vida. Es como si de repente todo cobrara más sentido. Pero ¿por qué los límites son tan esenciales? Pues verás... establecer límites no solo es necesario para proteger lo que te importa, sino que también te ayuda a conocerte mejor a ti mismo, contribuyendo a tu autoconciencia y **desarrollo** personal.

Algo que he notado con los límites es su capacidad para revelarnos quiénes somos. Tal vez no lo parezca a simple vista, pero la forma en que defines tus propios límites es un reflejo directo de tus valores y prioridades. Sin poner límites, nuestras vidas pueden sentirse como un caos total, sin dirección. Limitar lo que permites que ocurra en tu vida, cómo dejas que otros se relacionen contigo, e incluso lo que decides hacer con tu tiempo, empieza a aclararte quién eres, y tus decisiones comienzan a verse más conectadas con esa imagen de ti mismo que estás construyendo.

Otra cosa importante del proceso de establecer límites es que te obliga a reflexionar sobre lo que realmente necesitas. Y sí, es posible que descubras que algunas demandas de los demás ya no son aceptables para ti. Tal vez es hora de decirle a cierta persona "oye, no puedo seguir permitiendo esto" y mover los engranajes para ajustarte a lo que verdaderamente importa. Hoy decides decir "elijo cuidar mi bienestar emocional", y ese simple "no" empieza a responder preguntas sobre quién eres y hacia dónde te diriges.

Así que, como ves, esto de establecer límites efectivamente te ayuda a conocer tus propios límites, pues, al hacerlo, descubres lo que de verdad te hace único. Es aquí donde surge el **crecimiento**.

¿Y qué hay de tu **autoconfianza**? También sale ganando. Al defender tus límites, estarás enviando el mensaje a ti mismo de que tus necesidades son igual de importantes que las de los demás. El acto de reconocer tus límites y salvaguardarlos se convierte en un ejercicio diario de fortalecimiento personal, casi como si el poder de esa decisión se convirtiera poco a poco en la columna vertebral de tu confianza en ti mismo.

Al principio, puede que sientas un poco de miedo al establecer límites, quizás dudes al pensar que dañarías la relación con alguien. Pero de repente te das cuenta de que, al mantenerte firme, crecen no solo tu confianza, sino también la **autoestima**. Porque sabes que no estás siendo egoísta, sino honesto contigo. Al poner un límite donde debe estar, estás prácticamente diciéndote a ti mismo, "yo también importo". Entonces, cada límite se convierte en un ladrillo más en la pared de tu autoconfianza.

Y para completar, los límites te permiten **priorizar** de manera más consciente tus necesidades y valores personales. Porque cuando tienes bien definidos tus límites, es mucho más fácil saber en qué enfocar tu energía. Pongamos por ejemplo ese hábito de dejarte arrastrar por compromisos y favores que, si lo piensas bien, distraen tu atención de lo verdaderamente importante. Al establecer un límite, estarás diciendo "esto sí, esto no". Y con cada vez que eliges decir "no" a lo que no te suma, estás diciendo "sí" a cosas más significativas, a lo que te atraviesa profundamente de una manera positiva.

No es solo sentirte más consciente de quién eres, o recoger pedazos de confianza en ti mismo, como quien recolecta flores de un viejo jardín olvidado; se trata de permitir que tus límites funcionen como un sistema de filtración vital que separa lo importante de lo intrascendente, lo personal de lo ajeno, lo prioritario de lo urgente.

Luego de tomarte el tiempo necesario para poner los límites que necesitas, verás que las necesidades y valores personales que antes yacían perdidos entre los constantes "sí" automáticos, empiezan a brillar, diciéndote "es aquí donde quiero poner mi **energía**". Al prestarles la atención que antes no podías darles, irás marcando tu verdadero **camino** con más claridad.

Así es como esos límites no solo te protegen, sino que también te ayudan a estructurar tu vida de la manera que tú eliges.

Identificando tu estado actual de límites

A veces, no es fácil darte cuenta de cuándo tus **límites** son tan débiles que casi inexistentes. ¿Te cuesta trabajo decir "no"? ¿Te sientes **agotado** al intentar agradar a todos? Si dices que sí a todo esto, tal vez estés permitiendo que otros crucen esos límites sin darte cuenta. Y el problema, claro, es que no puedes disfrutar de una vida

equilibrada si te encuentras constantemente desgastado. Saber identificar estas señales es clave para hacer cambios que te beneficien, te cuiden y te respeten.

Cuando tienes límites débiles, otros pueden saltar sobre ellos sin mucha resistencia. Piensa en esos momentos en los que te has **comprometido** a algo, aun cuando en el fondo no querías. O tal vez te prestas a ayudar, brindas un favor y después te das cuenta de que te sientes usado. Peor aún, con esta práctica a largo plazo, empiezas a ignorar tus necesidades y deseos porque, en algún punto, has decidido que las personas que tienes a tu alrededor son más importantes. Pero la verdad, y créeme, es que esa constante concesión y adaptación puede desgastarte por completo. Es como si vivieras una constante batalla interna entre decir "me importa" y "llámame mártir". No es justo para ti.

¿Qué hay de esas **violaciones** comunes de límites? Te doy un par de ejemplos: Aceptas proyectos de trabajo que te quitan tiempo personal, simplemente porque sientes que "no puedes decir no". O siempre dices que sí a tus amigos aunque eso implique sacrificar descanso. Incluso podrías permitir que la gente tome decisiones por ti, desde algo trivial como elegir un restaurante hasta algo tan importante como dónde vivir. Cuando te apabullas con esos "sí" automáticos, la **salud mental** se vuelve como una cuerda tensa, fácilmente quebradiza. El resultado: ansiedad constante, fatiga abrumadora y ese resentimiento que brota en el rincón más oscuro de tu mente. En pocas palabras, esos límites frágiles te afectan de maneras que ni te das cuenta hasta que el desgaste es irreversible.

De aquí que entonces sea súper importante **evaluar** cómo están realmente esos mecanismos de defensa. Quizás ni siquiera has notado algunas de estas violaciones; por ejemplo, cuando cedes ante los deseos de otros sin tomar en cuenta los tuyos. Para medir la fortaleza o la debilidad actual de tus límites personales, hay un par de cosas sencillas que puedes hacer. Por ejemplo, nota cómo te sientes después de comprometerte a algo: ¿Sientes una carga inmediata o alivio? También puedes anotar todas las veces que has dicho "sí" esta semana. O "esto me duele", cuando aceptas algo que no querías. Con un poco de atención diaria, puedes comenzar a ver puntadas donde tus límites quizás necesiten ajuste y reforzamiento, algo así como un puente de madera donde aparecen pequeños huecos que están comprometiendo la estructura.

Cuando todo esto esté más claro, es crucial ajustar y, si hace falta, reparar esos límites. Pero, en cualquier caso, lo importante es saber que todo comienza **observando** cómo manejas tus límites en el aquí y ahora. Tratas con tu tiempo, tu energía y tu **bienestar** de manera indispensable, y respetar esa línea entre tú y los demás es fundamental, incomparable.

Conceptos erróneos comunes sobre los límites

¿Has escuchado que poner **límites** es egoísta? Este es uno de esos rumores que se han pasado de boca en boca, como si pedir respeto por tu espacio personal fuera un mal hábito. Pero ¿sabes qué? No lo es. Mucho menos egoísta. Es más, ¡establecer límites es una de las formas más sinceras de mostrar **interés** por los demás! Te voy a contar cómo funciona esto, pero déjame decirte que decir "este es mi límite" no significa que no te importen las otras personas. Al contrario, significa que te importas tú. Y si no estás en tu mejor nivel, ¿cómo te vas a encargar de estar allí para los demás? No es egoísmo, es **autocuidado** y respeto.

Piensa en un vaso de agua. Si está lleno, eres capaz de ofrecer un trago a otros, pero si el vaso está vacío, ¿qué das? Nada, ¿cierto? Cuando no pones límites, te vacías, y eso sí que no ayuda a nadie.

Ahora, quiero enlazar esto con otra reflexión importante... A veces creemos que cuando ponemos barreras con los demás, estamos limitando el **amor** o la cercanía con esos seres queridos, pero ¿eso es realmente cierto? No lo creo. De hecho, los límites bien puestos pueden hacer crecer una **relación** de una forma más fuerte y honesta.

A menudo, distinguir entre el espacio de cada uno permite que exista una conexión auténtica entre ambos. Después de todo, ¿cómo puedes estar bien con alguien si no estás bien contigo mismo? Es casi mágico cuando trazas una línea y permites que los demás reconozcan tanto tus necesidades como las suyas. Esto, en realidad, construye un espacio donde el amor y el respeto tienen oportunidad de respirar y florecer. Ya ves que no se trata de menos amor o menos tiempo compartido, sino de generar un espacio donde todos puedan ser ellos mismos, auténticamente.

Y mientras estamos en ese tema, es importante hablar de la calidad de los límites. A veces, sin darte cuenta, caes en el famoso "yo con mis cosas y ni te me acerques" o en todo lo contrario, en un "deja que cualquiera haga lo que quiera". Ninguno de esos extremos resulta ser muy útil. Porque sí, hay una línea (¡uf, líneas!) entre **límites** estrictos, herméticos y otros que son flexibles pero firmes. La rigidez excesiva te aísla, sin duda, pero la ausencia total de barreras puede dejarte vulnerable, y al final, ambas opciones te perjudican... Mucho.

Un límite saludable es el que reconoce cuándo es necesario volver a ajustar, cuándo puedes y cuándo debes permitir ciertos cambios, según las personas y las circunstancias. Son dinámicos... Caben en cada contexto, permitiendo la **flexibilidad** sin perder el respeto propio. Es más como un río que se adapta al terreno, no una muralla. Así es como se consigue un equilibrio, y de eso se trata. Evitar el "todo o nada" y moverte con fluidez entre lo que eres y lo que también necesitan los demás.

En resumen, pon límites sabiendo que no eres egoísta por hacerlo. Descubre que pueden fortalecer, no debilitar, tus **relaciones**. Y cultiva estos límites con discernimiento, sin encerrarte ni desbordarte.

En conclusión

Este capítulo te ha **guiado** a través de la comprensión de los límites personales y su importancia en tu vida. Has explorado cómo establecer límites saludables puede mejorar tus **relaciones**, tu bienestar emocional y tu autoconfianza. Recuerda, poner límites no te hace egoísta, sino que es un paso esencial para **cuidar** de ti mismo y de tus seres queridos.

Has comprendido la gran importancia de defender tus propias **necesidades** y valores para vivir de manera auténtica. Al construir límites firmes, has descubierto cómo aumentan tu sentido de **autoestima** y seguridad. También has aprendido por qué la claridad y el respeto en tus límites fortalecen tus relaciones más cercanas.

Ahora sabes identificar cuándo tus límites son débiles o están siendo invadidos, lo que te permite **proteger** mejor tu salud mental. Has derribado la creencia errónea de que los límites son de alguna manera malos o dañinos para tus lazos, entendiendo que son una expresión de respeto mutuo.

Puedes ahora apreciar cómo los límites bien definidos moldean tu vida de manera positiva. Anímate a aplicar estas **lecciones** a tu día a día, y verás cuánto puede mejorar tu bienestar general y tus vínculos con los demás. ¡Tú tienes el **poder** de hacerlo!

Capítulo 2: El Fundamento de los Límites Saludables

¿Alguna vez has sentido que estás dando demasiado y obteniendo muy poco a cambio? Yo también. Es como **construir** una casa sin cimientos sólidos, no aguanta. En este capítulo, te invito a **explorar** cómo conocerte te ayudará a definir hasta dónde puedes llegar y qué realmente es **importante** para ti. Trabajaremos en **identificar** tus necesidades, tus propias líneas rojas... ¡esas que nadie debería cruzar! Es lo básico, ¿no? Sin **autoestima**, los límites se desvanecen y acabas perdiendo el **control** de tu vida. Pero no te preocupes, avanzar hacia estos límites saludables es más sencillo de lo que piensas; solo se requiere un profundo **compromiso** contigo mismo. Al cerrar estas páginas estarás listo para ser tu mejor **defensor**, cuidándote sinceramente. ¿Estás preparado para construir esos cimientos? Vamos juntos.

Autoconciencia y Valores Personales

Para poner límites efectivos, necesitas **verte** a ti mismo con claridad. ¿Quién eres? ¿Qué es importante para ti? Aquí es donde entra la autoconciencia. Saber quién eres y qué te importa realmente, te da la claridad necesaria para marcar líneas. Imagina que eres un **conductor**, y el camino es tu vida; sin un mapa, fácilmente puedes perderte. En este sentido, la autoconciencia es ese mapa que te orienta, donde decides hacia dónde dirigir el auto, es decir, dónde y cuándo establecer límites.

Empieza con **observación**. Presta atención a cómo te sientes cuando alguien te pide un favor, cómo reaccionas ante situaciones que van en contra de lo que crees. ¿Te sientes incómodo o complaciente? Estas sensaciones son pistas de que tal vez ese límite no se alinea contigo, o que tal vez estás cediendo demasiado espacio. Reflexiona en esas situaciones y evalúa si los límites que tienes realmente te sirven o si solo los has puesto por no incomodar. La autoconciencia no se trata solo de mirar hacia fuera, es mirar dentro y darte cuenta de cómo esas interacciones te afectan y lo que te es vital preservar.

Vale, dirás, autoconciencia suena útil, pero, ¿cómo sabes si tus límites están alineados con tus **valores**? Aquí es donde identificar tus valores centrales se convierte en algo crucial. Tus valores son los fundamentos que guían todas tus decisiones, incluyendo a qué decir que no y cuándo decir que sí. Si valoras el respeto, seguro prefieres poner un límite cuando alguien te habla con desdén. Si valoras el tiempo con tu familia, seguramente dirás no a proyectos que te aparten de ellos.

Detente un momento a pensar en esas cosas que de verdad te tocan el alma, en lo que te hace sentir bien cuando lo respetas y en lo que te hierve la sangre cuando no se tiene en cuenta. Esa es una señal de que estás tocando tus principios más firmes, esos son tus valores. Si en algún momento te has sentido un poco perdido o dudoso sobre una **decisión**, probablemente no has alineado esa decisión con tus valores. Definirlos claramente te permitirá, como quien afila un cuchillo, cortar lo que no se relaciona con lo que verdaderamente te importa.

Nos queda ver cómo alineamos todo esto, y seamos francos, esto puede haber sonado abrumador. Pero, tranquilo, hay maneras concretas para comenzar a poner en práctica esta alineación entre las creencias y los **límites** que defines en tu vida. Haz un listado, así de sencillo, de tus valores centrales. Después, piensa en ejemplos específicos de situaciones recientes donde pusiste (o debiste haber puesto) un límite. Es en esas situaciones donde vas a empezar a aplicar lo que has definido como tuyo. Si encuentras que tus valores se ven comprometidos al no tener un límite fuerte y claro, ahora es momento de poner ese límite.

Comienza también por hacer notitas mentales de lo que te **molesta** y lo que te alegra. Con el tiempo, ese pequeño ejercicio convertirá tu vida diaria en una práctica constante de tus valores. Así, estos serán como el cimiento que sostiene los muros que quieras construir. Porque al final, los límites bien establecidos no son barreras rígidas, sino **fronteras** que protegen lo que es valioso para ti.

Reconociendo tus necesidades y límites

Es fácil **confundir** deseos con necesidades, ¿verdad? Como cuando tienes antojo de alguna comida deliciosa... pero lo que de verdad necesitas es una cena que te llene y te nutra. Aprender a diferenciar entre los deseos momentáneos y las necesidades genuinas es clave para establecer unos **límites** saludables. Un deseo es algo que te gustaría tener o hacer, pero que no es imprescindible para sentirte bien o para tu bienestar general. Las necesidades, en cambio, son esas cosas que realmente importan, las que al cubrirlas te permiten funcionar al cien por ciento.

Por ejemplo, puede que a veces quieras **trabajar** hasta tarde para terminar un proyecto (o tal vez para impresionar a alguien, ¿quién no ha estado en esa situación?). Sin embargo, tu cuerpo y mente pueden estar diciéndote que en realidad necesitas descansar. Ignorar esas señales en repetidas ocasiones solo te llevará al agotamiento y quizás a la frustración. Y sí, al principio todo parece funcionar bien. Pones el empeño, logras avanzar... pero cuando descuidas tus necesidades, el cansancio empieza a hacerse notar y, antes de darte cuenta, estás agotado y molesto. Otra vez. Y el ciclo se repite.

¿Cuántas veces has superado tus propios límites sin darte cuenta? Seguramente más de lo que quisieras admitir. Pero claro, imponer límites propios no es nada fácil. A veces porque prefieres cumplir con las expectativas de otros; esas expectativas externas que parecen empujarte a más. Pero luego te das cuenta de algo curioso. Ese **resentimiento** que se va acumulando, esa sensación de agotamiento cuando dices "sí" sin pensarlo. Todo esto... solo se debe a una cosa: no has trazado un límite claro. Y al final, sientes que vivías para los demás y no para ti. Suena familiar, ¿verdad?

Ya sé, para mucha gente la palabra "límite" puede parecer sinónima de algo negativo - un muro, o una puerta cerrándose - pero en realidad son **herramientas** que nos ayudan a cuidarnos. Algo así como un escudo. Claro que quieres ser útil y estar disponible, pero estar agotado y abrumado no solo afecta tu salud, también daña tus relaciones. ¿Y para qué? Si en realidad respetar esos límites evita que llegues al punto de agotamiento, ese punto en el que todo te molesta y no quieres ver a nadie. Fijar esos límites es tan simple como entender hasta dónde puedes llegar sin hacerlo en tu propia contra.

Y, sí, hablo de límites con los demás. Pero una cosa importante: aprender esto significa también respetar tus propias **necesidades**. Te lo digo de corazón. Si tú no pones límites para ti mismo, ¿cómo esperas que otros lo hagan? Respetar tus propias necesidades es una muestra de autocuidado - nada menos. Porque decir "no" o detenerte cuando sientes que estás llegando a tu límite, es una forma de mirar por tu bienestar. Si hasta el momento no piensas en lo que necesitas, te invito a hacerlo antes de decir sí por compromiso. No es egoísmo, es salud emocional. Imagínate cómo cambiaría todo si respetaras más lo que de verdad necesitas.

Cuando te tomas en serio las señales, aumentas tu **bienestar** en general. Esto se nota. Vives con más energía, te cansas menos... y las relaciones mejoran también. Porque mucho de lo que consideramos problemas externos en realidad comienza dentro: no respetar lo que necesitas, no saber dónde están tus propios límites. Lo que ganas cuando reconoces tus necesidades y tus límites va más allá de evitar malas experiencias: conservas tu energía, tu amor propio. Y, ¿no es eso lo que queremos todos? Saber dónde están esos límites te devuelve el **control** que, francamente, es lo mínimo que mereces.

El Papel de la Autoestima en el Establecimiento de Límites

Tener una **autoestima** saludable puede ser como tener una armadura invisible que te protege en situaciones complicadas. Los **límites** fuertes, esos que definen lo que aceptas y lo que no, dependen de la forma en que te ves a ti mismo. Si te valoras y te cuidas, sabrás que mereces tener relaciones en las que ambos tienen voz, y decidirás desde un lugar seguro. Es ese lugar interno donde sientes que tienes derecho a decir "no" sin miedo, porque sabes que tu propio bienestar es tan importante como el de los demás.

Piénsalo. Cuando te sientes seguro de quién eres y lo que puedes ofrecer al mundo, no necesitas la aprobación constante de quienes te rodean. No necesitas sentir que debes complacer a todos solo para recibir afecto o reconocimiento. Te das cuenta de que tu **valor** no depende de lo que otros digan o piensen sobre ti. Y con eso, llega la capacidad de decir "no" cuando es necesario, de trazar esa línea donde lo sientes adecuado y de nadie más. Ese es el poder que se esconde tras la relación entre autoestima y límites personales.

Pero también hay otra cara de la moneda... Cuando sufres de baja autoestima, las cosas se vuelven un poco más enredadas. Aquí es donde surgen los verdaderos problemas. Es probable que te encuentres diciéndole "sí" a cosas que realmente no quieres. Mes tras mes, ves cómo te olvidas de tus propias **necesidades** solo porque crees que complaciendo a los demás te ganarás su cariño. Es esa trampa del "necesitar agradar" que al final te acaba pasando factura, llevándote a relaciones desequilibradas, donde tú siempre estás dando y dando, sin recibir lo mismo a cambio.

Claro que nadie está diciendo que no es bueno ayudar a otros o ser generoso, esa suele ser una gran parte de quienes somos. Pero la diferencia recae en hacerlo por las razones correctas, por sentir gusto en hacerlo y no por miedo al rechazo. El miedo de dejar de agradar. De decepcionar. Es ahí donde la baja autoestima se transforma en esclavitud, dejando que otros definan cómo debes vivir, qué debes pensar, y hasta cómo te debes sentir. Cuanto más permites que eso pase, más te alejas de ti mismo, agarrándote de una idea equivocada de amor y aceptación.

Entonces, ¿cómo puedes construir una autoestima sólida que apoye el establecimiento de límites? La **respuesta** no es simplemente gritar frente al espejo que te amas (aunque no está de más). Lo fundamental es tratarte con la misma amabilidad y respeto con el que tratarías a un amigo cercano. Empieza por aceptar todas las partes de ti—lo bueno, lo malo, lo raro. Deja de ser tan duro contigo mismo. Permítete equivocarte sin crearte tanto drama. Empieza a reconocer, con más frecuencia, lo que haces bien cada día.

Otra estrategia clave es rodearte de personas que realmente valoran y apoyan quién eres. Mira, a veces mantenemos en nuestra vida a personas que, más que sumar, restan. Te critican, te drenan, te exigen demasiado. Saber seleccionar quiénes te acompañan en tu **camino** y quiénes no es un hábito que fortalece tu autoestima y, a su vez, tus límites. ¿Por qué? Porque creas un círculo donde ambos se respetan, donde hay un balance en lo que das y en lo que recibes, y donde, lo más importante, no sientes que tienes que fingir o forzarte a ser algo que no eres.

En el proceso, vas formando relaciones más reales y satisfactorias. Alimentando esa autoestima con **experiencias** basadas en el respeto mutuo, te reafirmas como alguien digno de esos límites, nunca dejando que los otros o las circunstancias definan tu valor. ¡Ese es el **objetivo**!

Desarrollando un Fuerte Sentido de Identidad

¿Alguna vez has sentido que te pierdes en las **expectativas** o necesidades de los demás? Esto pasa muy seguido, como si te desvanecieras cada vez que intentas complacer a alguien más. Aquí es donde entra en juego la **autodiferenciación**. Autodiferenciarte significa mantener tus necesidades, deseos y opiniones distintas de las demás. No es tarea fácil, porque a veces parece que tienes que sacrificar lo que realmente eres para sostener una relación.

Pero, piensa por un momento, ¿qué pasa si siempre te adaptas a lo que alguien más quiere? Te podrías sentir como un camaleón, siempre cambiando de color según quién esté cerca. Esto, aunque parezca útil para evitar **conflictos**, acaba llevándote a un lugar donde ya no sabes dónde terminas tú y dónde comienzan los demás. De esto trata la autodiferenciación. Mantenerte fiel a ti mismo incluso cuando estás rodeado de otros, sin dejar de ser empático, es clave para mantener **relaciones** saludables.

Un buen sentido de identidad—saber quién eres—ayuda a comunicar tus **límites** con más claridad. Porque si no sabes dónde terminas tú, te va a ser muy difícil decir "esto es lo que necesito" o "esto es lo que no quiero hacer". Una vez que te conoces, puedes más fácilmente expresar esas líneas que no se deben cruzar, lo que evita muchos malentendidos.

Primero te preguntas qué quieres y qué no. Luego, tan solo lo comunicas sin sentir esas molestias por el qué dirán—nadie puede respetar tus límites si ni tú mismo los tienes claros. Pongamos un ejemplo: si tienes claro que necesitas tiempo para ti cada semana para sentirte equilibrado, lo comunicarás a tus seres queridos de manera más efectiva, lo que probablemente llevará a menos conflictos sobre este tema en el futuro.

Eso sí, comunicar límites no solo se trata de decir qué no haces, también es hablar de aquello que quieres y necesitas. Tu **identidad** actúa como un faro que guía estas conversaciones, manteniendo firmes tanto lo que ofreces como lo que decides retener para ti. Por eso, cuanto más consistente seas en mantener tu identidad personal, más fluida se hace la **comunicación**.

Pero no pienses que mantener tu identidad quiere decir aislarte en un cajón aparte, lejos de todos los demás. Al contrario. Mantener tu individualidad fortalece las relaciones más profundas. Es como un tambor que tiene su ritmo propio. Puedes bailarlo con otro o pueden disfrutar de la música juntos, pero sin perder jamás tu paso, tu compás único. Entonces, cuando las personas se acercan, no solo están interactuando con una copia de ellos mismos; están conociendo a una persona auténtica, con sus propias notas y ritmos.

Así, crear un fuerte sentido de quién eres otorga el espacio necesario para que otra persona también se desenvuelva, sin que ambas identidades choquen o se borren. Esto da lugar a una **intimidad** más profunda, porque sabes que quien está compartiendo su vida contigo es la versión real de sí mismo, no una sombra diseñada para complacerte.

Mantener esta danza entre identidad y relación mejora la intimidad. Y no solo la intimidad en términos físicos, sino la real, la que viene del auténtico compartir de pensamientos, emociones y deseos; donde cada persona sigue siendo quien es pero se siente libre de exponer su versión más genuina de sí misma. Así, la relación crece no a costa de ninguna persona, sino alimentada por dos individuos completos que eligen vincularse sin fundirse. Hablar con honestidad, mantener tus cosas claras y abrigar también lo que el otro es—todo esto solo puede sumar a una intimidad verdadera, esa que no está disponible cuando pierdes tu nombre propio en la mezcla.

Al poder decir quién eres, sin miedo y sin sentir que debe ser aprobado, das espacio a que la otra persona también lo sea. Y entonces ahí es cuando una relación florece desde una tierra firme, que nunca reniega de sus raíces ni enmaraña organismos ajenos. Es un flujo rápido, pero esta vez sostenido por lo que realmente somos, y no por lo que sentimos que debemos ser.

En conclusión

Este capítulo ha sido una **guía** valiosa para comprender cómo establecer **límites** saludables en tu vida. A través de los conceptos de **autoconciencia** y **valores** personales, has aprendido la importancia de reconocer tus propias necesidades y límites, así como la relevancia de mantener una **autoestima** fuerte para comunicarte mejor con los demás. Recordar siempre estos aspectos mejorará tus **relaciones** y te permitirá vivir de manera más auténtica y **equilibrada**.

En este capítulo han quedado claros varios aspectos clave:

• La importancia de la autoconciencia para reconocer cuándo y dónde establecer límites.

• Cómo tus valores personales son fundamentales para decidir qué límites son necesarios.

• La diferencia entre querer algo y realmente necesitarlo, y cómo eso afecta tus límites.

• El vínculo entre una autoestima sana y la capacidad de mantener fronteras firmes.

• Ser capaz de mantener tu individualidad incluso en tus relaciones mejora tu **comunicación**.

Recuerda que poner en práctica lo aprendido en este capítulo no solo beneficiará tu vida personal, sino también tus relaciones con los demás. No tengas miedo de trazar esos límites; hacerlo significa respetarte y proyectar respeto hacia los demás. ¡Ánimo, tío! A por ello.

Capítulo 3: La Psicología de los Límites

¿Alguna vez te has **sentido** invadido o ignorado en una **relación**? Yo también. Pero, créeme, es algo que puedes manejar mucho mejor de lo que piensas. Este capítulo es como abrir una **puerta** a una nueva forma de entender lo que te afecta a ti y cómo afectas a los demás. Aquí aprenderás el **impacto** que los límites tienen en nuestras conexiones con la gente, desde las **amistades** hasta los vínculos más profundos. Vamos a hablar de esas líneas invisibles que defines – o dejas de definir – desde que eras niño.

¿Sabías que no poner **límites** afecta directamente cómo te sientes internamente? Eso también lo abordaremos. Este capítulo se vuelve fundamental al explorar cómo las **experiencias** infantiles influyen en la manera en que estableces esas fronteras personales. No te preocupes si hasta ahora te ha costado poner límites; también hablaremos sobre cómo empezar a construirlos de una forma natural y significativa para que puedas vivir mejor y **sentirte** más pleno.

Cómo los límites dan forma a nuestras relaciones

Seguro has escuchado que establecer **límites** es esencial para tu salud mental, pero no siempre se explica por qué es tan importante en tus relaciones. Pues resulta que tener límites claros no solo te protege de situaciones incómodas o dañinas. También tiene **beneficios** psicológicos difíciles de ignorar. Cuando tienes bien definidas tus fronteras, hay un alivio mental natural. Dejas de cargar con las expectativas, deseos y problemas de los demás, lo que te permite enfocarte más en ti. De alguna forma, es como crear un **espacio** donde solo tú decides quién entra y bajo qué condiciones. Este espacio emocionalmente seguro reduce niveles de ansiedad y estrés. Despeja la mente. Y, lo que es más importante, te ofrece una tranquilidad difícil de lograr cuando todo tiende a mezclarse y confundirse en tus interacciones con otras personas.

Además, los límites personales hacen algo maravilloso: esclarecen quién eres y cuáles son tus necesidades, al mismo tiempo que filtran lo que realmente importa. Con ellos, ya no te sientes obligado a corresponder a todas las demandas externas, algo que en extremo afecta tu salud mental. Te das el permiso para decir "No" cuando no puedes o no quieres estar para alguien. Ese pequeño pero poderoso acto de decir "No" tiene un impacto tremendo en tu bienestar. Permite que respetes tu tiempo y energía sin culpa. Cuando finalmente te sientes dueño de tu espacio, empiezas a disfrutar mejor de las **relaciones**, ya que no se sienten como una carga. Son más bien fuente de alegría y apoyo.

Ahora bien, hay otra faceta igual de fascinante cuando se trata de límites. El cómo impactan en los estilos de apego y patrones de relaciones. Tal vez te estés preguntando, "¿Qué tienen que ver mis límites con cómo me relaciono con los demás?" Bueno, pasa que nuestras experiencias tempranas con los cuidadores primarios moldean mucho cómo interactuamos emocionalmente luego en nuestras relaciones adultas. Si, por ejemplo, creciste en una familia donde las fronteras eran inexistentes o confusas, podrías haber desarrollado un estilo de apego ansioso o incluso evitativo para poder lidiar con ello. Este tipo de patrón hace que o tiendas a buscar aprobación constante o, al revés, que huyas de **compromisos** más profundos.

Pero lo bueno aquí es que los límites saludables funcionan casi como un "reset". Ayudan a poner las cosas en orden al enseñarte que puedes acercarte a los otros, sin perder tu identidad en el proceso. Trabajas en construir desde la confianza y no desde el miedo. Con esto, tus relaciones comienzan a reflejar una mayor seguridad, menos demandas excesivas o alejamiento emocional. La dinámica de "necesitar" atención o "huir" de la intimidad disminuye paulatinamente.

Y no sirve solo para las relaciones románticas, también lo notarás con amigos, colegas e, incluso, en la familia. Como quien dice, al tener límites adecuados se van corrigiendo esos viejos patrones que ya no sirven. Algo clave es que sientes que, al traer tus límites a la mesa, no solo proteges tus intereses, sino que evitas que otros crucen los suyos. Esto nos lleva al tercer aspecto crucial: el **respeto mutuo**.

Sin dudas, poner límites claros obliga a que ambas partes definan qué es aceptable y qué no. Y esto genera respeto. Limpio, sencillo y directo. Con límites establecidos, no necesitas andar explicando demasiado lo que es básico para tu bienestar. Se convierte en una especie de regla de oro: tu espacio y el mío son igual de importantes. Otros respetan tus decisiones y viceversa, aunque no siempre estén de acuerdo. Esto, sin querer, genera **confianza** entre las personas, ya que entienden que no se trata de controlar o manipular, sino de crear una interacción más equilibrada y honesta. Básicamente, esas fronteras limitan la posibilidad de resentimiento o rechazo pasivo, lo que hace que las relaciones, y la vida en general, fluyan de una manera más serena, más justa.

Así que ya ves, los límites no son barreras para la conexión, sino puentes que te permiten construir relaciones saludables, donde cada persona tiene el espacio que necesita para ser quien realmente es. Relación más libre. Más auténtica. **Confortable**.

El Impacto de las Experiencias de la Infancia en la Formación de Límites

Desde pequeño, la **dinámica familiar** en la que creces influye enormemente en tu capacidad para establecer límites. Es en la infancia cuando comienzas a aprender, sin darte cuenta, sobre lo que es aceptable y lo que no. Por ejemplo, si creciste en una familia donde se valoraba la independencia y te animaban a decir lo que pensabas, probablemente hayas desarrollado una habilidad para decir "no". Es como si esas experiencias tempranas crearan un mapa mental sobre cómo moverte en tus relaciones. Pero no todos crecemos con esa libertad.

En muchas familias, los límites no solo no son claros, sino que también pueden ser prácticamente inexistentes. Es aquí donde entra el concepto de la sobreprotección o de las relaciones entrelazadas, conocidas en inglés como enmeshed. Cuando vives en este tipo de entorno, la **privacidad** y el espacio emocional se vuelven difusos. Las emociones y problemas de uno se vuelven los de otros, creando un clima en el que es difícil distinguir dónde terminas tú y comienza el otro. Si vives esto de niño, podrías tener serias dificultades para establecer límites en el futuro. Al fin y al cabo, ¿cómo vas a establecer límites cuando siempre te enseñaron que todos en la familia están "en el mismo barco", todo el tiempo?

Este ambiente de conexiones interdependientes tiende a enseñarte que tus **necesidades** no son tan importantes o que deben ser secundarias frente a lo que quieran otras personas – como algo automático. Es fácil ver cómo, si te criaste en estos contextos, podrías, una vez adulto, verte pasando mucho tiempo tratando de evitar conflictos en tus relaciones o diciendo "sí" cuando realmente quieres decir "no". Las consecuencias, aunque no inmediatas, pueden afectar diversas áreas de tu vida, como en lo laboral o en lo personal. Sin esa capacidad de poner frenos claros y cuidar de tu bienestar, corres el riesgo de agotarte rápida y constantemente.

Otra forma en la que la infancia modela tu capacidad para establecer límites tiene que ver con el **trauma**. Si vives situaciones difíciles de niño – ya sea un abuso, el abandono o la muerte de un ser querido – puedes desarrollar patrones protectores que, aunque por un tiempo sirven como mecanismos de defensa, a largo plazo se convierten en obstáculos. Te acostumbras a estar siempre a la defensiva o a permitir cruzamientos sobre tu espacio personal y emocional por miedo o simplemente porque sientes que no tienes otra opción.

El trauma no solo provoca que hagas pocos o ningún límite, sino que también te acostumbra a emociones intensas e invasiones repetidas, confundiéndote sobre lo más básico: cuándo y cómo está bien decir "basta". Aquí no solo se trata de problemas con los demás, sino que también velar por ti mismo parece estar mal visto. Es como estar a la orilla de un puente tambaleante: complicado incluso poner un pie firme sin, en algún momento, temer perder el equilibrio.

De modo que, es fundamental explorar cómo tu infancia y la falta —o exceso— de límites marcaron tu forma de relacionarte contigo mismo y con los demás. No solo reconociendo los **patrones** que sigues arrastrando desde entonces, sino también siendo capaz de trabajar activamente en la creación de esos límites saludables que te permitan redibujar tu vida sin que eso signifique encerrar quién eres. La clave radica en sentir que tienes el **control** de cuándo estás preparado para bajarte del barco. En el fondo, formar límites es una forma de **amor propio**... y tal vez, una de las más importantes que podrás aprender.

Beneficios Psicológicos de los Límites Saludables

Hablar de los límites no es solo una cuestión de protegerte. Es, principalmente, un tema clave para mejorar tu **salud mental** y verte más estable a nivel emocional. Cuando logras marcar bien tus límites, ya no te sientes tan desbordado por las exigencias de los demás. Eso alivia muchísimo ese desgaste extra que te puede dejar dando vueltas por la noche.

Cada vez que logras decir "no" sin sentir que debes disculparte, abres un **espacio** para ti que antes no estaba. Un espacio donde se va desarrollando y fortaleciendo tu bienestar emocional. Es como llevar un paraguas en medio de la lluvia. Con tus límites claros, esa lluvia —que son todas las presiones externas— no te empapa tanto, y puedes mantenerte más seco, más a salvo. La salud mental depende, en gran parte, de mantener ese equilibrio. Si consigues que tus propias necesidades tengan su lugar junto con las de los demás, la **estabilidad** emocional y mental es más fácil de alcanzar.

Es igualmente importante que, al tener tus propios límites claros, no permitas que los demás se excedan y acaben dejándote sin fuerzas. Menos agotador. Así, logras no solo reducir el desgaste emocional, sino que también cargas menos peso en el saco del **estrés** que llevas todos los días. Menos ansiedad. Menos malestar constante.

Y hablando de reducir el estrés, ¿alguna vez has notado cuánto baja la tensión al poner límites? Por ejemplo, cuando aclaras que no puedes quedarte después del trabajo, ya no te llevas la oficina a casa. Marcar ese límite te baja la **ansiedad** porque, así, es menos probable que te quemes. Tu mente puede descansar porque sabe que ciertas situaciones simplemente ya no tienen lugar. Digamos, es como tener límites en el horario de llamadas ciertas noches. Te puedes enfocar mejor y estar presente en lo que importa. Al cuidar esos espacios, controlas la ansiedad que te genera estar disponible todo el tiempo. Al final, es esa constante sobreexposición lo que provoca mucha angustia.

Pero no es solo el alivio inmediato... Colocar límites también conserva tu sentido de **realidad** e identidad intacto. Tal como quieres verte a ti mismo tiene, y debería tener, total conexión con los límites que estableces. Sin ese filtro, es fácil perder la noción de quién eres y comenzar a actuar en base a las expectativas de los demás. Los límites eliminan ese problema porque todas tus interacciones suman al mismo código: respetarte.

Así que también hay algo de magia en cómo los límites refuerzan la manera en la que te percibes a ti mismo. Derivan fuerzas para mantener una **autoimagen** más sólida, más saludable. Te permiten tenerte respeto primero a ti mismo, y no desmoronarte ante las opiniones ajenas. Es tu declaración de: "yo soy importante", lo que, a la larga, define tu propia estima.

Poner límites no solo te nutre de amor propio. Es **liberador**. Mantenerlos firmes te permite caminar por nuevos territorios sin esa constante preocupación de tomar una postura ajena o ser arrastrado por otros. Es lo que te debes.

Superando las barreras psicológicas para establecer límites

Algo que te detiene constantemente para poner límites es el **miedo**. Ese temor a ser rechazado, a que los demás te vean mal, o que incluso llegues a lastimar a alguien con un "No". Parece más sencillo dejar que las cosas sigan como están, pero la realidad es que ese miedo, muchas veces, es infundado o exagerado. Te invade esa **ansiedad** imaginando que al poner un límite las personas simplemente se van a ir. Y claro, nadie quiere ser el malo de la película, ¿verdad? Entonces, por evitar conflictos o incomodidades, prefieres quedarte callado y soportar más de la cuenta.

Pero, hablando sinceramente, muchas veces esos miedos son como fantasmas... la mayoría de ellos funcionan únicamente en tu mente. Verás, cuando piensas que te van a rechazar o juzgar por poner un límite, piensas en lo peor y acabas metiéndote en una bola de nieve de ansiedad. El primer paso para superar esto es precisamente identificar esos miedos. Pregúntate si realmente podrían pasar, o si simplemente son producto de **pensamientos** del "yo qué sé" que se han filtrado en tu cabeza.

Bueno, una vez que has reconocido esos temores, surge otro obstáculo más sutil, pero igual de complicado: las distorsiones cognitivas. Sí, esos pensamientos que retuercen la realidad y que hacen que todo sea blanco o negro. "Si digo que no, voy a parecer grosero". "Ellos van a enfadarse, seguro". Pero estos pensamientos... te engañan. Te hacen pensar que cada situación es definitiva, que si impones una barrera vas a perder absolutamente todo. Y esto es agotador porque extender esta forma de pensar a cada interacción te deja sin energía para hacer lo que quieres.

Esas distorsiones son como espejos raros, reflejando versiones de la realidad que no son como crees. Racionalizar estas ideas ayuda muchísimo. No siempre se trata de romperte la cabeza buscando un "y si..." en todas las situaciones. A veces, basta con detectar cuándo estás siendo radical e intentar calmar esos pensamientos con algo más realista: "Está bien decir que no, porque tengo derecho a cuidar mi espacio," o "No todos se lo van a tomar tan mal, quizá incluso lo entiendan." Pero claro, decirlo es blanco y rendirse ante la culpa es demasiado gris, ¿verdad?

Pero también sé que una cosa es reconocer esas distorsiones y otra muy diferente es obtener en la práctica esos nuevos pensamientos. Ahí entra en juego replantear nuestras **creencias** sobre los límites tanto de los nuestros como de los demás. Porque hay creencias con las que uno crece y que se sienten como verdades absolutas: "Siempre tienes que responder a los mensajes," "Decir que no es faltar al respeto". A este punto ya le podemos decir adiós.

Es como dar la vuelta a esa receta familiar... seleccionas qué ingredientes mantener y cuáles reemplazar o desechar. Por ejemplo, en lugar de ver los límites como muros infranqueables, verlos como portones que puedes abrir o cerrar según lo necesites. Al final del día, se trata de cambiar cómo entiendes esos **límites** para que pasen de ser obstáculos a convertirlos en regalos. Replantear el valor de un límite, no solo para ti sino también para quienes te rodean, es clave para suavizar tensiones y reducir esos temores.

Entonces, vamos a darle una vuelta a tus creencias: el aceptar que poner un límite no es sinónimo de egoísmo, sino de **inteligencia** y **responsabilidad** personal. Capaz la siguiente vez que te pidan algo que no puedes o deseas hacer, en lugar de sentir esa culpa punzante, sientas respeto por ti mismo. Justo cuando interiorices eso y lo dejes en su sitio, celebrarás tu poder sobre ti mismo y empezarás a ver cuánto cambia todo... sin retorno de **fantasmas**.

En conclusión

Este capítulo te ha mostrado cómo los **límites** son esenciales en tus relaciones y en tu vida diaria. Has visto que establecer límites claros no solo mejora tus **relaciones**, sino que también puede protegerte emocionalmente. Además, ahora entiendes mejor cómo tu **infancia** y experiencias pasadas afectan tu capacidad de poner límites, y cómo estos, a su vez, pueden mejorar tu **salud mental**.

En este capítulo has aprendido sobre la importancia de los límites para tener relaciones saludables, cómo tu niñez influye en tus habilidades para establecerlos, y las formas en que te protegen de la **ansiedad** y el estrés. También has descubierto la conexión entre límites sanos y una buena **autoestima**, así como los miedos que a veces te impiden ponerlos y cómo superarlos.

Aplicar lo que has aprendido será clave para mejorar tu **bienestar** y las relaciones con los demás. Poner buenos límites puede parecer difícil al principio, pero con **práctica**, se convierte en una herramienta poderosa para una vida más equilibrada y feliz. ¡Anímate a empezar ya y verás cambios positivos en tu vida!

Capítulo 4: Tipos de Límites

¿Alguna vez te has sentido **agotado** y no sabías por qué? Bueno, en este capítulo, exploraremos esos **límites** invisibles que todos tenemos pero que rara vez llegamos a entender. Yo, como tú, he pasado por momentos en los que sentí que mi **energía** y mi **tiempo** eran constantemente robados por cosas o personas que no lo merecían. Pero ¿y si te dijera que tu **bienestar** depende de esos límites?

Aquí aprenderás a verte de manera diferente, identificar esos tipos de límites que quizá has ignorado hasta ahora, y entender cómo afectan cada aspecto de tu vida. No es necesario ser un **experto** ni tener conocimientos previos... simplemente estar dispuesto a descubrir más sobre ti mismo y tomar el **control** de lo que, en realidad, siempre fue tuyo. Este capítulo promete ser un paso hacia ese **cambio** que has estado esperando, sin complicaciones.

Límites Físicos

El **espacio** personal y la autonomía corporal son esenciales para que te sientas seguro y cómodo en cualquier entorno. Cuando alguien invade esa **burbuja** personal sin tu permiso, te sientes incómodo, frustrado e incluso inseguro. No se trata solo de tener tu espacio físico, sino también del derecho a decidir qué ocurre con tu propio cuerpo, sin que nadie más lo imponga.

Piensa en situaciones cotidianas en las que esto sucede: alguien dándote un abrazo sin aviso o cuando esa persona se para demasiado cerca durante una conversación. Aunque puede que no tengan malas intenciones, la falta de consideración por tu espacio personal puede sentirse como una **intrusión**. No poder controlar quién entra o no a tu espacio impacta en tu tranquilidad, generando una sensación de impotencia y de falta de control sobre tu vida.

Pero no solo se trata de incomodidad. Las violaciones más serias de los **límites** físicos pueden dejar heridas profundas mucho más allá de lo físico. Por ejemplo, que alguien te toque sin permiso muestra una total falta de respeto por tu autonomía corporal. Incluso si la persona piensa que está dando un gesto amistoso, escuchar un "no" es fundamental en cualquier trato físico. Cuando no se respeta, la confianza disminuye y la relación entre ambos puede romperse, o incluso hacerte sentir desconfiado alrededor de otras personas.

Pasando de la teoría a la práctica, llega la importancia de saber marcar esos límites físicos. Y aquí es donde la técnica "Detente, Piensa, Asegura" entra en juego. Es algo sencillo pero **poderoso**: una herramienta para hacer frente a esos momentos en los que alguien cruza tus límites.

Primero, detente. Esa pausa es necesaria para no reaccionar de inmediato, dándote espacio para un pequeño respiro antes de responder. A veces, ese primer impulso te lleva a callarte o permitir algo que claramente no quieres. Así que, pausa. En ese breve instante lo más importante es que te des cuenta de la invasión de tu espacio.

Luego, piensa. Ponte a considerar qué es lo que realmente quieres en esa situación. ¿Prefieres alejar a la persona? ¿Quieres expresarte para que no vuelva a hacerlo? Al reflexionar, podrás responder desde un lugar que de verdad refleja tus deseos y no desde el impulso. Este paso es clave para asegurar que lo que venga sea una auténtica afirmación de tu decisión en ese momento.

Finalmente, asegura. Da a conocer tu límite con palabras claras y sencillas, manteniéndote firme. No es necesario alterarte ni levantar la voz; la claridad es suficiente. Un simple "Prefiero que no hagas eso, por favor" o "Necesito un poco de espacio" establece el límite de manera efectiva. Es importante que transmitas con seguridad lo que necesitas.

Marcando de esta manera el respeto por tus límites físicos les enseñas a los demás en qué **espacio** sientes que estás en control y que entiendan dónde está esa línea invisible que no se cruza. A veces es con palabras, otras solo requiere el lenguaje corporal; pero siempre es esa combinación de respeto por ti mismo y **capacidad** para proteger cómo te relacionas con el mundo físico que te rodea.

Límites Emocionales

Cuando se trata de mantener la **salud mental**, los límites emocionales son como un escudo protector. Sin ellos, es muy fácil que te veas atrapado en pensamientos y preocupaciones ajenos, haciéndote sentir agotado y sobrecargado. Al tener claras tus emociones y hasta dónde permites que lleguen las influencias externas, estableces barreras que te protegen del agotamiento mental. Te permiten centrarte en lo que realmente estás sintiendo, sin que las emociones de los demás nublen tu juicio.

Lo que pasa cuando no hay límites emocionales es que terminas cargando con un peso que no te corresponde. Es como tratar de colgarte una mochila llena de piedras que ni siquiera son tuyas. Y eso, como te puedes imaginar, es agotador. Este desgaste no solo consume tu energía sino que te afecta en cómo enfrentas tus actividades diarias.

Para cuidarte, es fundamental que pongas **límites claros** que te permitan sentir tus propias emociones sin que se mezclen con las de otros. De este modo, esa "mochila" se queda más ligera, solo llena de tus propias piedras y no las de nadie más. Lo que finalmente te da más fuerza para afrontar tu día con más claridad y menos peso innecesario.

Pero claro, aquí entra otro punto muy importante: ¿cómo diferencias la **empatía** del enmarañamiento emocional? Son dos cosas muy distintas que pueden parecer similares a simple vista pero que, si no las comprendes bien, pueden afectar tu capacidad de poner y respetar esos límites.

La empatía es la capacidad de ponerte en los zapatos del otro sin necesidad de perder los propios. Se trata de entender y sentir lo que está pasando otra persona, pero desde tu propio lugar. Es como asomarte por una ventana para ver la tormenta de alguien más, sin salir de tu casa para mojarte con ella. Al sentir por otro, sigues siendo consciente de tu propia experiencia.

Ocurre en cambio que, cuando los límites están menos definidos, caes en eso que llamamos **enmarañamiento emocional**. Te explico, es como juntarte tanto que ya no sabes dónde quedan los límites. Es como si te estuviera afectando la tristeza de otra persona hasta el punto de confundir tus propios sentimientos con los suyos. Justo ahí, pierdes el control, te envuelves en algo que no te correspondía y terminas agotado—mental y emocionalmente.

Entonces, ¿cómo puedes protegerte y mantener esa distancia necesaria para no caer en el enmarañamiento? Pues aquí entra la técnica del "**Contenedor Emocional**": una visualización que puede ayudarte a colocar un límite claro donde guardar tus emociones separadas de las de los demás.

Imagina que tienes un contenedor—una especie de caja o recipiente con tapa. Dentro de él, pueden ir guardadas tus emociones. No las ignoras ni las reprimes, pero las mantienes ahí para darles importancia cuando tú elijas, sin que el ruido emocional de otros te estrese. Este contenedor tiene una característica importante—solo se abre cuando tú decides y solo tú decides cuándo, cómo y con quién compartirlo. Así te conviertes en guardián de tus propias emociones y proteges tu **equilibrio interno**.

Imagina que cada vez que estás rodeado de emociones ajenas, respiras profundamente y visualizas ese contenedor en tu mente, donde pones lo que sientes y dejas que lo demás pase de largo. Tienes una puerta que se cierra y te envuelve en calma, sin ser insensible, pero manteniendo tu espacio y delimitando tu **bienestar emocional** sin cargar más de lo que deberías.

Los límites emocionales no te piden que te aísles, sino que aprendas a diferenciar tu tormenta interior de las ajenas, estando preparado para cualquier clima sin que te lleve arrastrado.

Límites Mentales

Los límites mentales son como una **muralla** que protege tus pensamientos y creencias personales. Son esas barreras invisibles que separan lo que es realmente tuyo y lo que viene de afuera. Estos límites no solo te ayudan a definir quién eres, sino también a mantenerte fiel a ti mismo. Es como si tus **creencias** y pensamientos fueran un jardín en el que solo tú decides qué plantar y a quién dejar entrar. Si no defiendes este espacio, otros podrán intentar imponerte sus puntos de vista, forzando a crecer malas hierbas que no deberían estar allí.

Cuando alguien cruza esta muralla sin tu permiso, puede hacer mucho daño. Las ideas o convicciones de otros pueden chocar con las tuyas y, si no tienes bien establecidos esos límites, pueden acabar erosionando poco a poco tu **autoestima**. Piensa en las veces que te has dejado influenciar, hasta el punto de dudar de tus decisiones. No solo afecta tu autoestima, también puede hacerte cuestionar quién eres y qué valoras. Ese veneno que se cuela en tu mente puede acabar haciendo que te sientas inseguro—que sin darte cuenta, empieces a ceder terreno, a dudar de ti. Poco a poco, tu jardín se vuelve desordenado, lleno de plantas que ni querías, jalándote en direcciones que no planeabas.

¿Cómo mantener estos límites mentales bien fuertes? Una idea bastante útil es aplicar lo que podríamos llamar un "**Filtro** de Pensamientos". Este filtro funciona como una especie de colador que te ayuda a decidir qué pensamientos permites entrar y cuáles bloqueas. Las otras personas pueden venir con intenciones de mandarte toda clase de pensamientos negativos o de imponer sus creencias... Pero tú, con este filtro mental, consigues que solo pasen los que te convienen. Imagina tener un colador en la mente: las ideas no se instalan directamente, las pasas primero por este filtro personal. Evalúa: "¿Este **pensamiento** me ayuda, me empodera, o simplemente me llena de miedo y dudas?"— esa es la pregunta que te puedes hacer cada vez que alguien intenta imponer su manera de ver el mundo.

Esto, claro, aplicado consistentemente en tu día a día se convierte casi en un **hábito** automático. Ya no tienes que pensar en defenderte activamente— tu mente hace el trabajo por ti, rápidamente identificando lo que no sirve y no dándole cabida, dejándolo fuera de tu jardín interior.

El **poder** de los límites mentales nunca debe subestimarse, y tener un mecanismo tan simple como este filtro puede ayudarte más de lo que imaginas. Para cerrar este concepto, debes siempre recordar fortalecer tu muralla personal, esa que protege lo más tuyo, para que no cualquiera venga a poner malas plantas en tu jardín. Aprovechar la idea de este filtro y siempre estar consciente del terreno que no quieres regalar, puede realmente mejorar cómo te sientes contigo mismo, dando paso a una versión más **segura** y congruente de ti.

Límites de Tiempo y Energía

Hoy en día, es fácil caer en la trampa de querer hacerlo todo y estar en todas partes. Sin embargo, esta falta de **límites** claros en cuanto a tu tiempo y energía puede llevarte directo al agotamiento. Al decir "no" a ciertas cosas, es como si te estuvieras diciendo "sí" a ti mismo. Establecer límites de tiempo y energía te ayuda a evitar comprometerte solo porque suena divertido o útil, pero después sentirte agotado y sin ganas de nada. Cuando **proteges** tu tiempo y energía, te aseguras de no estar cargando más de lo que puedes manejar.

Siempre habrá más actividades o tareas de las que puedas cubrir en un día típico. Por eso, definir cuánto tiempo y energía puedes invertir en ciertas cosas te permite enfocarte en esas que de verdad valen la pena. Considera esto: a veces veían el **agotamiento** como una insignia de honor, como algo que demostraba cuánto trabajabas o cuán bueno eras en lo que hacías. Pero la realidad es que, si quemas tu vela por los dos lados, a la larga no llegas muy lejos.

Hablando de tiempo y energía, están esos que llamamos "**ladrones de tiempo**". Parecen pequeños y sin importancia, pero cuando los sumas, han saboteado tu día completo. ¿Alguna vez te has sentado delante de la computadora y luego de un rato te has dado cuenta de que pasaron dos horas en redes sociales sin que te dieras cuenta? Esos son ladrones de tiempo. Identificarlos es crucial porque lo pierdes en cosas que no te agregan valor ni a ti ni a lo que quieres lograr. Cuando detectas un ladrón de tiempo, ya sea recibir notificaciones sin parar o decir que sí a compromisos triviales, puedes empezar a tomar medidas para proteger tu tiempo preciado.

Puedes hacer una especie de **inventario** de tus días. Piensa un poco en de qué se compone un día típico tuyo. ¿Hay alguna actividad o alineación de compromisos que absorbe una energía desproporcionada y que, francamente, es opcional? Observa cómo ciertos hábitos o malos usos del tiempo pueden drenar tu vitalidad. A lo mejor no es necesario hacer un cambio drástico de un día para otro, pero empezar poco a poco reconociendo esos ladrones de tiempo puede hacer maravillas.

Por otra parte, es fundamental reflexionar sobre cómo gastas tu energía. De hecho, realizar una "**Auditoría** de Energía" te podría ayudar bastante para evaluar cómo estás dividiendo lo que tienes. Es cuestión de identificar aquello que te recarga y lo que simplemente te drena. Como ejercicio, revisa lo que haces en un día normal y clasifica esas actividades o personas que te energizan comparadas con las que te agotan. ¿Parece difícil? No lo es tanto cuando lo piensas así: el objetivo es liberar tiempo y energía para lo que realmente deseas lograr.

Imagina distribuir tus recursos —bien limitados, por supuesto— entre cosas que despertarían tus **pasiones**, dándote ese empujón extra para que al final del día no sientas nada más que haber alcanzado lo mejor posible lo que quisiste hacer. Es como cuidar el motor de un auto, necesitas recargarlo y al mismo tiempo prevenir usos innecesarios.

Después de esta milla extra dedicando tanto tiempo a lo que vale la pena, puedes notar lo bien que te sientes cada día, la libertad de hacer y priorizar. Establecer estos tipos de límites no será un lujo, sino que se acomodará en tu vida de forma deseada. Uno no deja de comprometerse o esforzarse, todo lo contrario, tienes mayor **control** sobre ti mismo para decir que sí, cuando envuelve algo realmente significativo. Así que el día que empieces a establecer estas fronteras en tu vida, notarás una especie de orden más puro y vivir sin tanto cansancio será, en realidad, alcanzar una forma de **libertad**.

Ejercicio Práctico: Identificando Tus Tipos de Límites

Para comenzar a identificar tus límites, el primer paso es sencillo: Haz una lista de todas las **actividades** e interacciones que tienes en un día típico. Sí, lleva un cuaderno contigo o utiliza tu teléfono, y anota todo. Desde la primera conversación que tienes al levantarte, hasta esa última mirada a tu teléfono antes de dormir. Puede parecer mucho, pero al prestar atención a cada interacción, vas a empezar a notar cosas que quizás no habías visto antes. Detállalo todo lo que quieras. Incluye esa llamada rápida con un colega, la reunión por Zoom de media mañana, o incluso esos minutos que tomas para estar a solas. Todo cuenta.

Después de completar esa lista, es hora de observar con más atención. Así que, pasamos al segundo paso: categoriza cada una de esas actividades según los diferentes tipos de **límites**. Aquí es donde tomas todo lo que anotaste y lo divides en categorías: ¿Es una cuestión de límites físicos? ¿Emocionales? ¿Mentales? ¿O de tiempo/energía? Por ejemplo, si alguien se sienta demasiado cerca en el tren, estás hablando de un límite físico. Pero si alguien insiste en hablar sobre algo que te incomoda o te altera, ese sería un límite emocional. Y esas veces en las que tienes miles de cosas por hacer y poco tiempo, claramente estamos lidiando con tus límites de tiempo y energía. Usa estas categorías para describir mejor en qué tipo de límites recae cada actividad de ese día típico.

Bueno, ya que has hecho eso, sigue calificando cada **interacción**. Aquí es donde entra el tercer paso: ¿Qué tan cómodo te sientes con cada cosa? Califica tu nivel de comodidad del 1 al 10. La idea es numerar cada interacción en relación a cómo te hace sentir. ¿La charla con esa persona te deja agotado? ¿Realmente odias las llamadas sin previo aviso? O, por otro lado, ¿disfrutas salir a caminar solo? Esta calificación te da un termómetro para empezar a ver claramente dónde quizás necesitas poner más énfasis en protegerte, o también qué límites ya están funcionando muy bien para ti.

Con todas estas calificaciones y categorías, es momento de ver el panorama completo: Identifica los **patrones** que emergen. Este cuarto paso implica darte un tiempo para analizar si hay determinadas áreas donde tus límites son más sólidos, y en qué aspectos quizás tienden a tambalearse. Tal vez eres buenísimo para trazar límites físicos, pero te cuesta mucho cuando se trata de lo emocional. O quizá eres fuerte defendiendo tu tiempo, pero te cuesta decir que no cuando alguien busca tu ayuda con una tarea estresante y larga. Estos patrones te van a señalar lo que haces bien y lo que podrías mejorar.

Finalmente, eliges una cosa sobre la que trabajarás. Este es el quinto paso. Busca alguna **área** en la que seas fuerte, pero que se podría pulir aún más. No te agobies tratando de cambiar todo de golpe. Si, por ejemplo, encuentras que te incomoda demasiado tener ámbitos mentales invadidos y esto surge en ciertos casos, enfócate en fortalecer ese aspecto. Trabaja en desarrollar **tácticas** más saludables, y a medida que vayas ganando confianza, sigue con otras áreas. Cada pequeña mejora en una parte de tus límites es como ir levantando ladrillo a ladrillo, ayudándote a crear una estructura sólida y más definida con el tiempo.

Este **ejercicio** es simple en teoría, pero el **impacto** que puede tener en tu vida si lo practicas con consistencia es, bueno, invaluable. Vas a ir notando con más rigor esos aspectos de tu vida donde tienes que poner más límites y, lo mejor de todo, por lo bien que te vas a empezar a sentir.

En conclusión

Este capítulo nos ha **enseñado** que establecer **límites** claros es fundamental para tu **bienestar** físico, emocional, mental y para la gestión de tu tiempo y energía. A lo largo de la lectura, has explorado diferentes tipos de límites que debes reconocer y defender en tu vida diaria.

Has visto qué tan importantes son los límites físicos para proteger tu espacio personal y autonomía corporal. También has aprendido cómo los límites emocionales previenen el agotamiento y te ayudan a mantener una salud mental equilibrada. Además, has comprendido la importancia de mantener tus creencias y pensamientos protegidos a través de límites mentales.

El capítulo te ha mostrado cómo **manejar** el tiempo y la energía te permite evitar compromisos excesivos y el cansancio constante. También has descubierto lo práctico que es **identificar** tus propios límites y trabajar en mejorar aquellos que sientas más débiles.

No olvides **aplicar** lo aprendido para que puedas **proteger** lo que es realmente valioso en tu día a día: tu cuerpo, emociones, mente y tu tiempo. Al definir y respetar tus propios límites, estarás cuidando de ti y mejorando tus **relaciones** con los demás. ¡Practica cada uno de los consejos, y comenzarás a notar el impacto positivo en tu vida!

Capítulo 5: Leyes de los Límites

¿Alguna vez te has preguntado por qué algunas personas parecen tener todo bajo **control**, mientras que otras luchan por mantener el **equilibrio**? En este capítulo, quiero que pienses en cómo los **límites** no solo definen lo que dejas entrar o salir en tu vida, sino que establecen las reglas del juego. Imagina esto como una manera de construir paredes invisibles que te **protegen** y, al mismo tiempo, te permiten expandir lo que realmente importa.

Mira, yo también he pasado por situaciones donde los límites no eran tan claros... ¡y vaya que lo he pagado! Te invito a que mires dentro de ti y evalúes tus propios **límites** en cada área de tu vida. Al adentrarnos en los principios básicos sobre cómo **sembrar** lo correcto, asumir **responsabilidades**, y reconocer nuestro **poder** y respeto mutuo, estarás parado sobre una base sólida, listo para enfrentar lo que venga.

La Ley de Sembrar y Cosechar

La ley de Sembrar y Cosechar es algo que ves en acción todos los días, aunque a veces no te des cuenta. Básicamente significa que lo que **siembras**, tarde o temprano lo vas a **cosechar**. Si tomas **decisiones** responsables hoy, los frutos serán positivos. Si no lo haces... también te enfrentarás a las consecuencias. Y ahí es donde la **responsabilidad** personal entra en juego.

Establecer límites claros es como decirle al mundo lo que estás dispuesto a permitir y lo que no. Pero, ¿qué sucede cuando ignoras tus propios **límites** o los de los demás? Bueno, imagina que decides quedarte dos horas más en la oficina cuando ya habías decidido decir que no a trabajar extra. Tal vez no parezca gran cosa, pero esa pequeña acción tiene consecuencias: terminas exhausto, afectas tu productividad del día siguiente, y hasta quizás te enfermes más adelante. Dejar que regularmente estas pequeñas acciones se acumulen es como seguir echando más semillas dañadas en tu campo. Al final, la cosecha no será buena.

Pero... no estamos hablando de castigo. Simplemente es la naturaleza del ciclo. Lo que siembras, ya sea cuidado y respeto personal, o negligencia y desgaste, eventualmente va a crecer. Este es un espejo que te exige tomar responsabilidad sobre lo que decides plantar, porque la responsabilidad personal es quien se sienta al volante. No es algo que puedas evitar, como respirar. Siempre que no pongas un límite claro o aceptes más de lo que deberías, tan solo estás añadiendo más peso a cargar más adelante.

Y cuando se trata de límites, la ley de Sembrar y Cosechar se convierte en tu mapa. Cada límite que estableces simboliza una semilla para lo que quieres ver en tu vida. Pero no solo hay que sembrar. Hay que dejar que la naturaleza tome su curso. Y aquí conecta con el concepto de permitir las consecuencias naturales.

Esta idea de trabajar con las consecuencias naturales tal vez no sea la más cómoda de oír, porque, después de todo, todos queremos evitar el dolor o el conflicto. Pero cada vez que pones un límite y permites que las consecuencias ocurran cuando se cruza, estás reafirmando ese límite. Por ejemplo, si un amigo te pide dinero prestado y sabes que no podrás recuperarlo... decir que no y permitir que esa persona se enfrente a su problema de manera independiente refuerza dos cosas: tu propio respeto y la responsabilidad del otro.

Eso sí, a veces lleva tiempo sentirse bien dejando que otros enfrenten sus propias situaciones. Es como quitarle la rueda trasera a la bicicleta de un niño. Claro, es posible que se caiga un par de veces, pero solo así aprenderá a andar solo. Permitir que los demás trabajen con las consecuencias les enseña la autonomía y asimismo fortalece tus propios límites. Es un proceso de crecer juntos, cada quien en su camino.

Y hablando de procesos, hay una técnica súper útil que puede ayudarte a visualizar en tu mente las consecuencias de establecer —o no— límites. Yo la llamo el Mapeo de **Consecuencias**. Piensa en esto como un ejercicio rápido: antes de decir sí o no a algo, detente un momento y visualiza las posibles cadenas de acontecimientos que podrían surgir a partir de esa decisión. Toma un lápiz si quieres, y dibuja un circuito con flechas que te muestre las diferentes ramificaciones que saldrían de tu decisión. ¿Qué podría salir bien? ¿Y si algo sale mal?

Esta técnica práctica no solo te ayuda a recordar la ley de Sembrar y Cosechar, sino que también te ayuda a tomar en cuenta las consecuencias, perfectamente visibles, de tus elecciones y **acciones**. Además, convertirlo en una práctica habitual te dará claridad para decir un "No" seguro y enriquecedor o un "Sí" consciente, conociendo el campo que estás sembrando. Porque, en el fondo, todo depende de cómo decides ser responsable de los límites que trazas y de las semillas que esparces en tu vida.

La Ley de la Responsabilidad

Hablar de **límites** sin mencionar la **responsabilidad** es como intentar construir una casa sin cimientos. Al asumir la responsabilidad de tus propias acciones y decisiones, te das ese **poder** que necesitas para decir "sí" o "no" cuando algo en tu vida lo requiere. Y no solo eso, también te permite hacer cumplir esos límites que buscas establecer. Tener responsabilidad es como agarrar el timón de tu propio barco y decidir la dirección sin que nadie más lo haga por ti. Esto no es solo una capacidad, es un **poder** inmenso. Porque solo tienes control sobre lo que asumes, sobre lo que es tuyo. Lo que no haces o no asumes, lo dejas a la deriva. Y eso a veces termina siendo obligación de otros.

Eso nos lleva a la diferencia entre la responsabilidad por uno mismo y por los demás. Parece obvio, pero no está de más decirlo: No eres responsable de lo que hacen, sienten o piensan los demás. Solemos cargar con culpas o intentar resolver problemas ajenos, aunque la simple verdad es que nuestras manos alcanzan solo hasta los límites de nuestras propias narices. La verdad es una: cada cual su cuenta. Y sí, entiendo que quieres ayudar o que no quieres quedar mal con alguien. Es muy fácil meterte en camisas de once varas cuando te consume el deseo de querer arreglar las cosas de otros. Pero la realidad choca, y siempre nos recuerda que si te encargas de lo que no es tuyo, acabas descuidando tus asuntos. Y en eso se nos va la vida.

Tomemos un momento para hablar de un ejercicio muy útil que te hará reflexionar sobre qué es responsabilidad tuya y qué no. Este es el llamado "**Gráfico** de Responsabilidad". La idea es sencilla y muy gráfica, solo necesitas una hoja y un lápiz. Divides la hoja en dos columnas. En la primera columna escribes qué queda dentro de tu control: tus decisiones, tus emociones, tus reacciones. En la segunda columna, lo que no puedes controlar: lo que los demás hacen, piensan y sienten. Y honestamente, permítete ser brutalmente honesto en este ejercicio. Cuando te das cuenta de que ciertas cosas no están bajo tu poder, y resaltas lo que sí puedes manejar por ti mismo, todo empieza a simplificarse. Las preocupaciones ajenas te afectan menos, y te centras en lo que realmente puede hacer la diferencia en tu vida.

Sabes, hacer este **ejercicio** de vez en cuando te mantiene en línea, te recuerda tus propios límites. Y de nuevo, cuando nos enfocamos en lo que realmente podemos manejar, esos límites dejan de ser un "no" amargo para convertirse en "sí" a nuestras prioridades. La clave aquí es que, para construir la vida que queremos, necesitamos un **enfoque** claro sobre nuestra responsabilidad y eso empieza con identificar correctamente lo que nos corresponde.

Quizás suena extraño al principio, pero cuanto más claro tengas esto en tu mente, más claro en todo lo demás podrás ser. Poco a poco va mejorando muchísimo, y lo entenderás mejor.

La Ley del Poder

Nunca subestimes lo **fuerte** que puede ser reconocer tu propio **poder** personal. Cuando entiendes lo que tienes a tu disposición y cómo usarlo, te conviertes en alguien que establece **límites** más claros y efectivos. Es como si, de repente, el ruido a tu alrededor se redujera y todo lo que importa se hiciera más... nítido. Así que, dejemos claro algo esencial: todo este poder que tienes, no es para controlar a otros. No, para nada. Es para mantener el **control** sobre lo único que realmente estás diseñado para manejar: tu propia vida. ¿Y cómo se hace eso? Al saber decir no, ajustar expectativas y proteger lo que es importante para ti.

Piensa en un dique que los excesos no pueden cruzar. Mejorando tus habilidades para exigir **respeto**. Esto no se trata de imponer tu voluntad sobre los demás sino de establecer un espacio donde, de frente a frente, lo que tú valoras sea protegido. En lugar de verte arrastrado por corrientes que no te pertenecen, levantas ese dique invisible y muestras dónde termina lo de los demás... y comienza lo tuyo. No olvidemos la clave aquí: reconocer dónde está tu verdadero poder es el primer gran paso. Te da seguridad para actuar según esos límites, sin quedarte corto ni pasarte de la raya.

¿Dices que parece difícil? Sí, a veces lo es. Pero es crucial no olvidar dónde está lo que sí podemos hacer. Y para eso, vamos a hablar del "locus de **control**". Sí, suena algo técnico. Pero, resumiendo, es simple: se refiere a adonde se centra tu control sobre los eventos de tu vida. ¿Lo pones dentro de ti o lo tiras fuera? Hay quienes piensan que todo "les pasa" y no pueden hacer nada para cambiarlo; tienen un locus de control externo. En cambio, otros creen que tienen la sartén por el mango, que sus acciones importan; tienen un locus de control interno. Aquí es donde, juntos, entendemos que cuando concentras ese control en ti, haces que los límites se pongan en tus manos.

Si te das cuenta de que te apoyas mucho en lo externo, en lo que está fuera de tu alcance, puede ser momento de hacer **cambios**. Nada se gana dejándolo todo al azar, creyendo que eres víctima de circunstancias incontrolables. Mejor, empieza a capturar todo eso que puedes tomar, aunque sea un pedacito, y deja que se convierta en la base para esos límites que necesitas.

¿Dices que no sabes por dónde empezar? Hay ocasiones en que las cosas parecen más confusas de lo que realmente son. Y justo para eso quiero proponerte una técnica llamada "Inventario de Poder". Básicamente, de lo que trata es de hacer una lista de aquellas áreas de tu vida donde sientes que puedes influir o has hecho cambios positivos. Relaciones, trabajo, bienestar... Lo que sea donde tu voz se escuche.

Cada vez que notes que influyes, anótalo. Haz de esta lista una **herramienta** que te recuerde: puedes conseguirlo. Aunque parezcan cosas pequeñas, no te engañes. Aquí no se trata de cambiar el mundo de golpe sino de empezar con detalles cotidianos. Conocer lo que puedes controlar es el equipaje que cargas para este viaje de poner límites.

Entonces, reconociendo tu poder personal, comprendiendo tu locus de control y usando ese "Inventario de Poder", no solo podrás establecer mejores límites, sino que tú mismo te sentirás más fuerte... más en **armonía** con la vida que quieres construir.

La Ley del Respeto

El **respeto** propio es la base para que otros aprendan a valorar tus límites. Si no te respetas a ti mismo, es difícil que puedas esperar el respeto de los demás. Es como construir una casa en cimientos poco firmes; tarde o temprano, se va a tambalear. Cuando entiendes tu propio **valor** y actúas con base en eso, es mucho más probable que los límites que establezcas sean tomados en serio. ¿Por qué? Pues porque estás enviando un mensaje claro y directo: te valoras lo suficiente como para no aceptar menos del trato que mereces.

Esto no siempre es fácil. A menudo, la sociedad nos enseña a poner todo y a todos por encima de nuestras propias necesidades. Pero cuando decides - deliberadamente - valorarte más, empiezas a irradiar esa energía al mundo. ¿Y sabes qué? Las personas a tu alrededor también lo notan. Pero ojo, el respeto propio no es cuestión de arrogancia ni de imponerse sobre otros. Es más bien un acto de **amor** propio que te permite decir "esto es lo que necesito y no estoy dispuesto a comprometerlo". Y cuando te mantienes firme en ese compromiso hacia ti mismo, los demás comienzan a hacer lo mismo.

Dicho esto, el respeto en cualquier **relación** nunca puede ser algo unilateral; tiene que ser recíproco. No se trata solo de "mis límites", sino también de los límites que los demás puedan tener. Es tan importante saber hacer valer nuestros propios límites como aprender a reconocer y respetar los de otros. Si solo nos enfocamos en que los demás respeten lo que hemos establecido para nosotros mismos pero ignoramos sus límites... bueno, no hay mucho balance allí. Es un vaivén, una danza de respeto mutuo.

Piénsalo como un intercambio constante; das respeto y automáticamente es como si la otra persona también recibe ese deber y necesidad de honrar tus propios **límites**. Las relaciones se vuelven más saludables, más sinceras, porque ambas partes saben que cualquier transgresión no pasa desapercibida, y aunque suene sencillo, en realidad es un trabajo en progreso, pero un trabajo gratificante.

Ahora, para fortalecer aún más esta práctica y asegurarte de que el respeto y los límites que estableces no se desvanezcan, te comparto una práctica que me ha ayudado mucho. Se llama "Afirmación de Respeto". Es fácil y funciona.

Tómate un momento todos los días para recordar por qué tus límites son importantes para ti. Repite en voz alta o en tu mente una **afirmación** que refuerce tu valor propio, algo como "Merezco que me respeten porque me respeto a mí mismo". ¿Se siente un poco raro al principio? Quizás... pero estas palabras tienen poder. Gradualmente, empiezan a impregnar tu forma de ver el mundo y de relacionarte con los demás.

Cuanto más internalizas esas afirmaciones, más fácil se vuelve mantener ese valor en tus interacciones diarias. Con el tiempo, lo que quizás empezaste diciendo en voz baja para no sentirte tan expuesto, lo terminarás diciendo con **convicción** en cada acción, en cada límite que traces, en cada relación que cultives. Así como el respeto hacia los demás nace del respeto propio, la expresión de ese respeto empieza con estas afirmaciones diarias.

Y no se trata solo de decirlas, sino de vivirlas. A medida que cultivas este hábito, notarás que, poco a poco, esa energía interna comienza a influir en tus relaciones. Tus límites serán más claros y estarán fundamentados en algo más profundo y, al final, notarás que cuidar de ti mismo se ha vuelto algo natural.

Esa es la ley del respeto. Una ley donde el respeto propio sirve de raíz para un respeto mutuo y donde pequeñas acciones cotidianas, como una afirmación, pueden resultar ser lo que demarque la **diferencia** en tus relaciones y tu entorno.

Ejercicio Práctico: Aplicando Leyes de Límites

Vamos a trabajar juntos en un ejercicio práctico. Esto te va a ser útil, ya lo verás. Lo primero que vas a hacer es **identificar** un desafío de límites que estés enfrentando en tu vida. Puede ser algo que te molesta, algo que sientes que te está afectando negativamente o simplemente algo donde te cuesta decir "no" (o "sí"). Piensa un momento y escoge una situación específica donde se te esté haciendo difícil establecer un límite claro. Este paso es importante, porque el objetivo es concretar una situación real donde podamos aplicar estas leyes de límites. Sí, la vida está llena de desafíos, pero ¿cuál de todos esos es el más urgente para ti en este momento?

Ahora, con el desafío en mente, pasemos al segundo paso. Aquí, lo que vas a hacer es ver cómo cada ley de límites—de las que has aprendido en este libro—se aplica a esa situación. Considera estas leyes como **herramientas** en tu caja de herramientas emocional. Cada una tiene un propósito, y la idea es ver cuál es la mejor para este caso específico. Pregúntate: ¿esta ley se puede aplicar aquí? ¿Esta otra?

Digamos que estás pensando en ese problema donde siempre dices "sí" aunque ya sabes que no tienes tiempo. Ahí entra la ley de **responsabilidad**. Esa ley nos dice que somos responsables de nuestras propias acciones y de cómo gestionamos nuestro tiempo, pero no del tiempo de otros. Quizás también se aplique la ley de permisión: mientras más poder le das a alguien al ceder tu tiempo, más van a aprovecharse de ello.

A medida que analices la situación y cómo cada ley se podría aplicar, llega el siguiente punto importante. Aquí es donde **identificas** cuál ley es la más relevante para abordar ese desafío. Es posible que una ley sobresalga entre las demás. Tal vez sientas que necesitas enfocarte en la ley de fronteras, que habla sobre la importancia de poder distinguir entre lo que es tuyo y lo que es de los demás. O tal vez es la ley de respeto: necesitas ponerte primero, respetarte más y empezar a decir "no" sin sentirte culpable.

La ley más importante que elijas será la base para tu plan de **acción**. Aquí viene lo interesante: comenzar a plantear cómo vas a incorporar esa ley en tu vida. Si decides usar la ley de responsabilidad, tu plan de acción podría incluir decir "no" a peticiones que no puedas cumplir sin sentir que te cargas demasiado. Quizás incluso decidas bloquear un tiempo en tu calendario para ti mismo, así proteges ese espacio de interferencias.

Finalmente, ¡es hora de **implementar** el plan! Llevarlo a la acción. ¿Y sabes qué? Escribe en tu diario sobre cómo están yendo las cosas. Describe cómo te sientes, qué desafíos te estás encontrando y si ves mejoras. Estos registros te permiten ver el **progreso** y ajustar lo que sea necesario. No tienes que ser perfecto—estás aprendiendo a poner en práctica límites sanos, así que es posible que cometas algunos errores en el camino. Está bien, la clave es seguir intentándolo.

¡Ponte a ello y a escribir en ese **diario**!

En conclusión

A lo largo de este capítulo, has aprendido muchas lecciones **valiosas** que te ayudarán a tener **relaciones** más saludables a través de las leyes de los límites. Estas leyes no solo te guían en tu comportamiento, sino que también te enseñan la importancia de cuidarte a ti mismo mientras respetas a los demás.

La relación entre la siembra y la cosecha nos muestra cómo nuestras **decisiones** y **acciones** tienen consecuencias, lo que nos enseña a ser responsables de nuestros actos. La **responsabilidad** personal te da el poder de tomar el control sobre tu vida y respetar los límites de los demás.

Reconocer el **poder** que tienes para marcar límites significa que puedes protegerte y evitar situaciones que te hagan daño. El **respeto** es un tema clave; es importante respetarte a ti mismo para que los demás también respeten tus límites.

Cada una de estas leyes trabaja en conjunto para crear relaciones sanas, donde todos sabemos qué esperar y cómo comportarnos. Mientras aplicas estas ideas en tu vida diaria, recuerda que poner límites no es egoísta, sino necesario para tu **bienestar**.

Pon en práctica lo aprendido y notarás cómo tus relaciones se **transforman** de forma positiva. ¡Confío en que podrás seguir fortaleciendo los vínculos con tus seres queridos!

Capítulo 6: El Arte de Decir No

¿Alguna vez te has sentido atrapado por decir "sí" cuando en realidad querías decir "no"? Bueno, yo también. A veces es más **difícil** de lo que parece, ¿verdad? En este capítulo, quiero que contemples lo siguiente: cuando empiezas a decir "no", no solo **cambias** tu vida, sino que también demuestras **respeto** por ti mismo y pones **límites** saludables en tu camino.

Soy consciente... Decir "no" suena terriblemente chocante para algunos (me incluyo). Pero, ¿qué tal si te digo que después de leer esto, podrías hacerlo sin sentir **culpa**? Aquí, aprenderás cómo tomar **control** de una manera fácil y directa, haciendo que esas dos letras no se sientan tan abrumadoras.

Al final de este capítulo, tendrás **claridad**, fuerza y **valentía** para soltar ese "no" con asertividad. Vas a sentir que, tal vez por primera vez, tienes las riendas en tus manos.

Entendiendo el Poder del No

Decir "no" no se trata de ser **egoísta** ni grosero. Se trata de proteger lo que es verdaderamente tuyo. Tus **límites**. Tus valores. Esa capacidad que tienes de decir "no" cuando algo no encaja con lo que en realidad quieres o crees, es como tener un escudo protector. No permites que otros decidan por ti o que tus deseos se pierdan en la maraña de lo que otras personas puedan pedirte. Al contrario, cuando decides expresar ese "no", estás asegurando que tu versión más **auténtica** quede intacta. Que no te vas a perder de vista por complacer a otros cada vez que te lo pidan.

Es como si, por cada "no" que des, solidificaras las murallas de tu reino personal. La gente podría pensar que eso te aleja, pero lo que realmente hace es permitirte estar presente de una manera más genuina y detallada. Porque te mueves desde lo que realmente quieres, sin la carga de estar haciendo cosas que internamente no tienen sentido para ti. Eso también significa que empiezas a cuidarte... a **valorarte** más. Cada vez que usas ese "no" con precisión, como una brújula interna que analiza si deberías irte o quedarte en cualquier situación, estás eligiendo llenar tu vida con elecciones que se alinean contigo y despejando aquellas que te sacan de equilibrio.

Claro, pasar de ser alguien que dice "sí" con facilidad a decir "no" no siempre es fácil. Requiere que te preguntes si lo que te están pidiendo respeta tu tiempo, tus valores, tu **energía**... Y si no es así, ese "no" logra acomodar mejor las cosas.

Ahora, imagina cómo fortalecer tu **respeto** propio a través de esa sencilla palabra. Cada "no" que expresas, reafirma quién eres. No te pierdes en esta carrera que mostramos frente a los demás. Es más, te muestras verdaderamente, sin máscaras, sin falsos pretextos. En cada "no," no solo proteges tus límites, también estás demostrando que te conoces y te respetas lo suficiente para tomar decisiones que te reflejan auténticamente. Cada negación, en ciertas ocasiones, se transforma en una de las formas más claras de **autoexpresión** que tienes. No es "me niego," sino "me afirmo". Afirmo el espacio que ocupo.

Entonces, para construir **confianza** en ese "no," no hay mejor ejercicio que la práctica constante. Como cualquier habilidad, decir "no" necesita de tus manos para habituarse. Aquí va un sencillo ejercicio que te ayudará a fluir en ese hermoso arte de la negativa. Basta con ponerte ante un espejo y ver tu propia mirada, escucharte mientras dices: "No, ahora no puedo." Al principio, como cuando te estás enjabonando los ojos en la ducha y tocas accidentalmente el grifo de agua fría... se sentirá incómodo. Pero verás que, a la larga, logra dejar una sonrisa en tu rostro que dice "esto no es tan terrible." Intentar decir "no" en situaciones pequeñas y cotidianas, como rechazar una llamada o aplazar una cita, reforzará esa confianza.

Comienzas a darte cuenta de cómo te ahorras tardes enteras en las que corrías de un lugar a otro solo por no saber decir "no". Vas regulando tu vida. Y aquel pequeño "no" doméstico, lavando los platos mientras rechazas salir al cine, se extiende a otros ámbitos. ¿Terminando la práctica? Logras que el salto del sofá para salir corriendo a otra cita o **compromiso** sea cosa del pasado.

Superando la culpa al decir que no

Cuando **decides** decir que no, ¿sientes como si estuvieras traicionando a alguien? Pues, no estás solo. La **culpa** es una de esas emociones que nos asaltan de sorpresa y, cuando se trata de negar algo a otra persona, esta sensación puede llevarte por un camino complicado de remordimiento. ¿Por qué una decisión que debería ser tan simple como decir "no" provoca tal **conflicto** interno? Las fuentes de esta culpa son bastante comunes.

Hay una preocupación de no querer decepcionar al otro. Muchas veces parece que decir que no, particularmente cuando la otra persona depende de ti, es una forma de declarar que ellos no importan en tu vida. También surge la idea de que eres una "mala persona" por ser egoísta. La creencia equivocada de que siempre hay que estar disponibles y dispuestos te deja con una idea malsana de auto-sacrificio. Suma a esa mezcla la **educación** que has recibido, especialmente en culturas donde decir que no es visto como una falta de respeto. Todo esto genera una tormenta emocional difícil de manejar.

Ahora, aunque es vital comprender qué genera esta culpa, también necesitas entender que no toda la culpa es mala. Existe algo que podríamos llamar "culpa saludable." Esa culpa actúa como un recordatorio de tus **valores** y principios. Te hace reflexionar si tus acciones están alineadas con la persona que quieres ser. Si dices que no a todo solo para evitar hacerle favores a los demás, por ejemplo, este sentimiento puede llevarte a reevaluar esa postura.

Pero... también está la "culpa no saludable." Esa es la que aparece cuando le dices no a alguien aunque realmente no querías decir que sí, como cuando aceptas algo, sintiéndote forzado. Este tipo de culpa, en lugar de contribuir a tu bienestar, te desgasta y puede hacerte sentir menos digno con el tiempo.

Lo complicado radica en encontrar el **equilibrio**, en diferenciar entre esa culpa que te ayuda a ser mejor, y la culpa que solo busca hacerte sentir mal.

Esto me lleva a mostrarte un guion simple - lo llamo "No sin culpa" - que te ofrece una manera de negarte de forma asertiva sin engancharte en ese ciclo de remordimientos.

Cuando sientas que debes decir no, prueba con algo como, "Me encantaría ayudarte, pero no puedo **comprometerme** ahora mismo." Esta simple frase reconoce la solicitud, muestra que valoras la relación, pero también deja claro que no estás disponible. No necesitas justificarte detalladamente. Una negación asertiva, directa y sin complicaciones, es suficiente. No es necesario mentir o inventar excusas. El objetivo es ser honesto contigo mismo y con los demás.

Es decir... No tienes que buscar la forma más elegante de decir que no. Lo importante es la honestidad y la claridad. Sabiendo esto, te darás cuenta de que la culpa no necesariamente tiene que ser parte de la ecuación.

Así que... quédate con esta idea: la próxima vez que te encuentres debatiendo en tu mente si hacer ese favor o aceptar esa petición, pregúntate, ¿es sano sentir esta culpa? Y si la respuesta no ayuda ni a ti ni a la otra persona, respira profundo, sigue tu script de "No sin culpa" y continúa con tu día.

Esta forma de decidirte reduce la confusión y te **empodera** para reafirmar tus verdaderos límites.

Técnicas para Decir No de Manera Asertiva

¿Te ha pasado que dices no, pero como que nadie te toma en serio? Tal vez sea el tono, o quizá incluso los gestos que haces sin darte cuenta. Resulta que no solo se trata de decir la palabra, sino de cómo la dices. Por ejemplo, el **lenguaje corporal** y el tono de voz pueden cambiar el impacto de un no.

Tu **tono** es clave. Si dices no con una voz suave, casi dudando, no sorprende que la otra persona insista. Pero, si usas un tono firme, sin necesidad de levantar la voz, la cosa cambia. Además, el cuerpo habla también. Si te cruzas de brazos, desvías la mirada o haces una mueca, es como si tu cuerpo estuviera diciendo "no" con miedo. Lo mejor es mantener **contacto visual** y una postura relajada pero segura, sin titubeos. Así, tu no tendrá mucho más peso.

Y claro, hay algo más. No basta con decirlo firme. Es importante ser **claro** y **breve** al decir no. Muchas personas tienden a enrollarse, inventar excusas largas o justificar su decisión. Pero cuanto más te extiendes, más espacio dejas para que duden de tu palabra. Imagina que alguien te invita insistentemente a un plan que no te apetece. En lugar de inventar una historia larga que solo enrede más las cosas, lo ideal es decir algo breve y conciso: "Gracias, pero no puedo" o "Lo siento, ya tengo otro compromiso." Punto. Sin añadir detalles que no funcionan salvo para generarte más angustia.

Y si la otra persona insiste, no tienes que buscar nuevas respuestas todo el tiempo. Aquí viene lo que se llama la técnica del **"Disco Rayado"**. Consiste en repetir tu no de manera constante, sin cambiar tu mensaje. Es muy útil porque, aunque parezca molesto, refuerza tu posición sin entrar en discusiones o enredarte. Por ejemplo, podrías ser firme diciendo: "Lo siento, pero no puedo." Y si te siguen empujando: "De verdad, no puedo." Y de nuevo: "No, no va a ser posible." Notarás que, eventualmente, la otra persona entenderá que tu respuesta no va a cambiar por más que insista.

Todas estas **técnicas** tienen la intención de darte fuerza y tranquilidad en tus decisiones. El tono, la claridad y el mantener tu postura con el "Disco Rayado" te ayudarán a que tu no sea, por fin, respetado. Recuerda que decir no, lejos de ser un acto de mala educación, es cuidar de ti mismo. Así que la próxima vez que lo necesites, no te preocupes tanto. Con estas **herramientas**, lo harás con confianza.

Manejando la resistencia cuando dices no

Cuando dices "no," a menudo te enfrentas con personas que intentan **cambiar** tu decisión. Se emplean muchas técnicas para superar ese "no." Quizás ya has visto algunas de las tácticas comunes. Algunas personas intentan presionarte usando la culpa, diciendo cosas como "Pero me estás decepcionando" o "Sabes que eres el único en quien confío para esto." Otros tratan de conmover tu empatía al explicar cuánto lo necesitan o cómo les afectará tu negativa. También están aquellos que insisten, preguntando repetidamente "¿Por qué?" hasta hacerte dudar de tu decisión. Todo esto es parte de un ciclo común para romper tus **límites**.

Si te descuidas, podrías caer en lo que se llama el "JADE-ing." JADE es un acrónimo que significa Justificar, Argumentar,

Defender y Explicar. ¿Te suena familiar? Esto ocurre cuando intentas salvar tu "no" detallando tus razones, esperando que el otro se detenga y lo acepte. Pero, en realidad, esto puede abrir la puerta a más **resistencia**. Justificar, Argumentar, Defender y Explicar puede parecer necesario en el momento, como si con suficientes palabras pudieras lograr que el otro acepte tu "no." Pero no funciona. Más bien, insisten en que tus razones no son buenas o válidas, y rápidamente te ves atrapado en un juego interminable.

Necesitas evitar JADE a toda costa—y fíjate qué fácil es dejar de jugar a ese juego. Con un simple "no" **firme** y respetuoso sin extenderte demasiado en justificativos. ¿Es fácil? No. Pero vaya que es necesario. Cuando das razones detalladas, creas espacios abiertos para que otros te cuestionen. ¿Es eso lo que realmente quieres? No creo.

Ahora, puede que pienses: "Vale, no voy a justificarme, pero esa persona todavía se resiste." Aquí es donde otra estrategia entra en escena: la "**Prevención** de Resistencia." Se trata de anticipar esos intentos de convencerte y estar preparado para abordarlos eficientemente desde el principio. Es una forma de pensar en el peor escenario posible, lo que puede implicar enfrentar emoción, persistencia o incluso malestar de la otra persona.

Cómo lo harás varía. Puede ser que formules tus palabras de manera que corten la resistencia antes de que esta comience, como decir "Sé que esto es complicado y que quieres que diga que sí, pero..." Anticipas sus objeciones y demuestras, inmediatamente, que estás firmemente comprometido con tu postura. Porque en verdad, les das menos espacio para maniobrar cuando ven que ya has considerado sus posibles **respuestas**.

Moverte en este territorio no es fácil—te lo aseguro. Pero al reconocer eso y estar listo desde antes, haces tu vida mucho más sencilla. Así que la próxima vez que te sientas a punto de ceder ante la presión externa después de haber dicho "no," recuerda no darle más **poder** del necesario a través del JADE, y prepárate para prevenir la resistencia que podría seguir. Estos son algunos pasos que puedes tomar para asegurarte de mantener tus límites **firmes**, independientemente de la reacción que desencadene un "no."

Ejercicio Práctico: Practicando Tus Respuestas de "No"

A veces, la idea de decir no se te hace como una de esas tareas que quieres evitar. Como poner el despertador demasiado temprano sabiendo que te va a costar levantarte. Sí, lo entendemos. Este **ejercicio** se diseñó precisamente para ayudarte a que esa tarea no se sienta tan pesada o incómoda. La clave del **éxito** es la práctica, y para eso vamos por pasos. Todo comienza con unas preguntas serias: ¿En qué situaciones te cuesta más decir no?

Primero necesitas ser honesto contigo mismo. Tómate un momento y piensa en situaciones donde suele resultarte todo un reto decir no. Tal vez sea cuando alguien te pide ayuda extra en el **trabajo**, o cuando un amigo quiere juntarse pero tú ya tienes otros planes. Considera también esos escenarios familiares donde terminas aceptando algo por compromiso. Ahora vas a pensar en cinco de los escenarios más comunes. Hazlo sencillo, pero sé específico. Piensa en las veces donde terminas diciendo sí cuando lo que realmente quieres es decir no. Esta es tu base para empezar a hacer las cosas diferentes.

Lo siguiente es tan esencial como lo anterior. ¿Qué dices cuando estés en uno de esos cinco escenarios? La **respuesta** tiene que ser clara, sincera y sin rodeos. Nada complicado que olvides después. Es ese no que quieres decir pero, a pesar de saberlo, no siempre lo dices. Piensa exactamente qué dirías, usa tus propias palabras. Por ejemplo, si en algún momento un compañero de trabajo te pide que te quedes tarde pero tú ya tienes planes con la familia, bien podrías responder: "Hoy no puedo, ya tengo otros compromisos". ¿Ves?

Claro, breve, y directo al grano. Haz esto para los cinco escenarios de tu lista. Siéntete libre de ajustar y reescribir hasta que la frase suene auténtica y cómoda para ti.

Ahora viene uno de los detalles importantes. No sirve solo escribirlas, hay que practicarlas. ¿Por qué? Porque queremos que cuando llegue el momento, las palabras salgan solas y te sientas verdaderamente centrado en lo que estás diciendo. Busca un momento donde estés solo, frente al **espejo** o simplemente en un lugar tranquilo. Ve una por una y repite cada respuesta en voz alta, no solo viendo lo que dices, sino también cómo lo dices. El **tono** es fundamental. No queremos que suenes defensivo ni tampoco agobiado. La seguridad y la naturalidad son clave. Y por supuesto, tu lenguaje corporal habla antes que las palabras. Mantén una postura relajada pero firme, sin cruzar los brazos ni encoger los hombros. En resumen, ensaya hasta que consigas ese equilibrio entre tono y postura – hasta que te oigas y te veas diciendo lo que verdaderamente quieres.

Una vez que hayas practicado lo suficiente y te sientas seguro, es momento de hacerlo un poco más realista. Aquí necesitas a alguien de confianza, un amigo con quien te sientas cómodo. El juego de **roles** consiste en recrear los escenarios con los que ya trabajaste. Pide a tu amigo que te plantee las situaciones una a una, y tú – ya sabes qué hacer ahora – vas a responder con el no que preparaste. Y aquí es donde el desafío se pone más interesante. Según la conversación, quizás esa resistencia del otro lado aparezca. Todo el tiempo mantén tu postura, es importante reafirmar tus límites y verás como poco a poco resulta más y más natural.

Para no dejártelo incompleto es fundamental, una vez concluido el ejercicio, reflexionar. Piensa cómo se sintió ese juego de roles, si manejaste bien las respuestas, si el tono fue el adecuado, o si en algún momento te sentiste incómodo. Es normal que no salga perfecto de inmediato, por eso puedes tomarte otro rato para ajustar lo que sea necesario. A lo mejor cambiar alguna palabra, modular mejor el tono, o simplemente releer tus anotaciones iniciales e incorporar cualquier aprendizaje. La idea es que tú mismo te sientas feliz con cómo logras decir no cada vez que lo necesites. Sigue **practicando** cada tanto y, con el tiempo, verás cómo tu habilidad para establecer **límites** se vuelve un reflejo natural.

En conclusión

En este capítulo, has aprendido la **importancia** de decir "no" para proteger tus límites personales y mantener la **autenticidad** en tus relaciones. Decir "no" no solo defiende tus **valores**, sino que también fortalece tu **autoestima**. Es crucial no sentir culpa al negarte a hacer algo que va en contra de tus principios. Con el tiempo, practicarás **técnicas** efectivas que te ayudarán a poner en práctica el poder del "no" en situaciones cotidianas, de manera clara y segura.

En este capítulo has visto cómo el **poder** de decir "no" protege tus propios límites y valores. También has explorado la relación entre el "no" y el respeto por ti mismo. Has descubierto la utilidad de hacer ejercicios de práctica para ganar **confianza** en cómo rechazar. Además, has aprendido la clave para diferenciar entre la culpa saludable y la culpa dañina al negar, así como las técnicas para rechazar con seguridad y sin vacilaciones.

Cerrar este capítulo significa tomar un paso hacia el **control** de tu vida. Recuerda que cada "no" que ofreces guiado por tus principios te está ayudando a construir la versión más auténtica de ti. ¡Pon en práctica lo aprendido y experimenta cómo cambia la forma en que te relacionas con los demás!

Capítulo 7: Estableciendo límites claros

¿Cuántas veces te has sentido atrapado en situaciones donde no estabas **cómodo**? Sé cómo es... ahí es donde llego yo. ¿Sabes qué? Este capítulo es como esa **llave** que abre una puerta que no sabías que existía. Sí, te llevará a **comprender** la importancia de establecer **límites** personales, esos que quizás no sabías que necesitabas.

Imagina poder **comunicar** tus deseos y necesidades de una forma clara sin sentir miedo o culpa. Aquí vas a encontrar cómo decir "esto es lo que me funciona". Y no se trata solo de definir, sino de comunicar y, lo más **importante**, de sostener esos límites, incluso cuando las personas parecen testarudas. Quizás te dé **miedo** al principio, pero te aseguro que al llegar al final, te habrás dado cuenta de la **importancia** de fijar bien tus propios límites en la vida. Vamos, si yo puedo, ¡tú también puedes!

Definiendo Tus Límites Personales

Para empezar a definir tus límites, lo primero que tienes que hacer es **observarte** con un poco de calma. Pregúntate: ¿qué es lo que realmente te incomoda? ¿Hay algo que haces por compromiso, pero que no te genera bienestar? Tomarte el tiempo para hacer esta **autorreflexión** te va a ayudar a identificar justamente dónde están tus límites personales, esos que quizás ni siquiera te habías dado cuenta que existían.

Es una práctica valiosa porque, siendo sinceros, a veces solo sigues adelante ciegamente, aceptando cosas que realmente te ponen tenso o incómodo. Pero, al parar un momento y analizar cómo te sientes con las cosas cotidianas, puedes descubrir esos límites ocultos. Reflexionando puedes entender que, por ejemplo, preferirías no trabajar tantas horas extras porque esa carga de trabajo te deja exhausto, pero al no haberlo pensado antes, nunca habías hecho algo al respecto. Y bueno, darte cuenta es el primer gran paso para comenzar a cambiarlo.

Así que, cuando te das tiempo para este tipo de **reflexión**, descubres cuáles son esas situaciones, comportamientos o demandas que NO te quedan del todo. Y sí, notar estos detalles es esencial para asegurarte de que, al poner límites, sientas que estás protegido por ellos y no al revés.

Después de darte este espacio para reflexionar, es bueno aclarar que entender tus límites no es solo cuestión de observar lo que te incomoda. Aquí es donde tus **valores** y **prioridades** personales realmente juegan un papel crucial. Porque los límites no son una imposición externa—sino que deben reflejar lo que para TI es importante y lo que estás dispuesto a aceptar o rechazar.

Te explico mejor: si uno de tus valores principales es tu tiempo en familia, eso significa que quizás quieras establecer un límite en el trabajo para no tomar llamadas laborales después de la hora de cena. Es decir, tus decisiones deben estar alineadas con lo que más valoras en la vida, y también con lo que consideras una prioridad en este momento. Porque podemos tener muchas cosas importantes, pero no todo puede ser prioritario al mismo tiempo.

Una vez tienes claros esos valores, tus prioridades irán casi que dictando cuáles líneas quieres que nadie cruce. De ahí la importancia de tener conexión con lo que valoras y el orden de cosas en tu vida. Ejecutar esas decisiones con **convicción** te va a brindar seguridad, y no tendrás la misma duda o culpa sobre decir "No, eso no va conmigo."

Por último, un ejercicio útil para hacer todo esto más tangible se llama la "Línea de Límite." Cierra los ojos e imagina frente a ti una línea en el suelo. Ahora, del otro lado de la línea, están todas las situaciones, personas o demandas que cruzan tus límites. Del lado en el que estás tú, quedan tus intereses, valores y bienestar. Ahora piensa en alguien o en algo que crees que puede estar cruzando esa línea actualmente. ¿Te genera malestar o incomodidad? Pues eso es lo que está al otro lado de esa línea.

Este ejercicio no solo te brinda una **visualización** clara, sino que también ayuda a que el proceso de establecer límites se sienta más concreto. Estás, en esencia, definiendo y defendiendo tu territorio emocional y mental, lo cual es clave para mantener el control sobre cómo deseas que otros interactúen contigo. Así que, cuando lo hagas, observa cada detalle, verifica cómo te sientes cuando te acercas a esos límites, y si sientes la necesidad cruzarlos o mantenerte firme en ellos.

El **poder** de tus límites comienza cuando tú te das cuenta de cuáles son. Una vez lo tienes claro, es más fácil proteger tu espacio y bienestar.

Comunicando tus límites de manera efectiva

Cuando hablamos de comunicar límites, la clave es ser **claro** y **asertivo**. Es como en un partido de fútbol, donde las líneas del campo están claramente marcadas: así todos los jugadores saben hasta dónde pueden ir, sin confusión. En las relaciones personales, tú también necesitas esas líneas bien definidas para que los demás sepan cuáles son tus límites.

Este tipo de comunicación tiene dos elementos esenciales: claridad y asertividad. Claridad significa que lo que expresas no deja espacio para interpretaciones diferentes o confusas. Debes usar frases concretas, palabras sencillas y directas para que tu mensaje llegue tal como lo deseas. Esto evita que el otro tenga que adivinar lo que quieres decir. Asertividad, por otro lado, es hablar cuidando tus derechos sin pisotear los del otro. Es un equilibrio saludable entre expresar lo que necesitas y respetar a la otra persona. Con claridad y asertividad juntas, tus límites son mucho más ejecutables.

Es muy importante distinguir entre ser directo y ser grosero. Ser directo desde el respeto es lo que buscamos aquí. Esto requiere un tono y palabras pensadas, para que al no modificar el lugar del otro puedan recibir mejor tu mensaje. No olvides, comunicar de manera efectiva requiere respirar profundo y expresarte sin acusaciones o culpas.

Pasando a un tema esencial cuando hablas desde límites: las declaraciones en primera persona. Es fácil caer en la trampa de comenzar señalando al otro: "Tú siempre...", "Tú nunca...". Inmediatamente esto coloca a la otra persona a la defensiva. En cambio, usando frases que empiezan con "yo", estás logrando explicar cómo te afecta la situación.

Entonces, por ejemplo, en lugar de decir "Nunca me escuchas", podrías decir: "Yo me siento ignorado cuando no escuchas lo que digo". Con este cambio, ya no suena como si estuvieras culpando a la otra persona, sino expresando cómo te sientes. Estas declaraciones tienen el poder de cerrar la puerta al conflicto y abrir la puerta al **diálogo**.

Y no subestimes cómo un buen uso del "yo" además te ayuda a mantener el control de tus **emociones**, porque te obliga a evaluar tus reacciones antes de hablar. Así se logra expresar límites sin herir ni ser pasivo. Esto convierte cualquier posible enfrentamiento en una conversación productiva.

Ahora bien, para acallar esos pequeños debates internos cuando sientes la presión de vocalizar lo que necesitas decir, tener un plan puede marcar la diferencia. Aquí es donde entra en juego el "Guion de Límites". Porque, ya sabes, decir un "no" contundente o dar a conocer un límite sin titubear... es crucial para sentirte bien contigo mismo.

Este guion es simple pero **impactante**. Va algo así:

• "Yo..." seguido de cómo te sientes.

• "Cuando tú..." describiendo la acción que te causa molestia o incomodidad.

• "Por eso necesito..." indicando claramente tu necesidad o lo que quieres cambiar.

Así, tu límite puede sonar como, por ejemplo: "Yo me siento muy abrumado cuando me pides favores en el trabajo sin avisar. Por eso necesito que me lo puedas decir con más antelación la próxima vez."

¿Qué se consigue? Mucho más **impacto** y **claridad** desde el respeto. Marcarlo ayuda a que ambos se conviertan en colaboradores para lograr un acuerdo.

En resumen, al poner en práctica estos trucos, la **comunicación** de tus límites no solo será enérgica y respetuosa sino también más eficiente.

Haciendo Cumplir tus Límites de Manera Consistente

Cuando hablamos de imponer **límites**, siempre sale algo a la luz: la **consistencia** los hace más fuertes. Seguramente has estado en esa situación, esas veces en las que decides ser claro y, a la mínima, dejas que las cosas pasen por alto. Es como si tus palabras se convirtieran en cohetes sin combustible: comienzan con fuerza, pero enseguida se caen. La diferencia la hace la consistencia. Es lo que realmente refuerza el **respeto** hacia esos límites que tanto te cuesta establecer.

Imagínalo como una especie de muro que estás levantando piedra por piedra. Si dejas de construirlo constantemente, el muro no solo se queda incompleto, sino que las piedras que ya pusiste cada vez se irán haciendo más débiles. Al ser consistente, no solo aseguras que esas piedras se mantengan firmes, sino que cada nueva piedra—cada nueva vez que haces respetar tus límites—hace que el muro sea cada vez más sólido y visible para los demás. Ten en cuenta que seguir siendo firme reforzará el mensaje, ayudando a que otros lo tomen en serio. A la larga, la consistencia no solo se traduce en el respeto hacia tus límites, sino también en un respeto hacia ti mismo.

Pasando a la siguiente idea, cuando piensas en ese muro—en esas bases sólidas—aquí entra el concepto de "**integridad** de límites". Básicamente es ser tú mismo frente a todo y todos. No consiste solo en ser constante, sino en alinear tus **acciones** con tus valores. Para que un límite funcione de verdad, tiene que tener esa integridad. Debes sentir que lo que estás pidiendo tiene arraigo en lo que crees y en lo que realmente te importa.

¿De qué sirve aparentar? Decir que este es un muro de hierro para luego hacer excepciones constantes que lo conviertan en una valla de madera corroída. La integridad de tus límites es lo que demuestra que estás siendo genuino. Si no aplicas tus límites desde el núcleo de tus creencias, la gente notará la falsedad y, voilà, pierdes **credibilidad**. Es un punto clave porque, pese a esa tentación de hacer una excepción, la "integridad de límites" dice "¡NO!" y te recuerda que es precisamente esa coherencia lo que estructura y ordena tu vida. Entonces, si crees en algo, y decides establecerlo como límite, debes honrar esa creencia en cada decisión que tomes.

Ya diciendo esto, te puedes preguntar, ¿y cómo se puede mantener todo esto a lo largo del tiempo? Aquí es donde un buen "Plan de Aplicación de Límites" entra en acción. Ser recto con los límites no es sencillo, pero un plan estructurado ayuda como guía permanente para no flaquear.

• Define tus límites claramente, anotándolos si es necesario. Esto implica no solo que sean "límites" para ti mismo, sino que otros los entiendan.

• Identifica esos puntos críticos donde más se ponen a prueba. Anticipa situaciones comunes en las que puedas estar más vulnerable, así, sabrás cómo reaccionar antes de que todo explote en tu cara.

• Haz una autoevaluación frecuente. De nada sirve todo el esfuerzo si, tiempo después, has girado 180 grados sin darte cuenta. De vez en cuando conviene preguntarte si esos límites siguen firmes o si algo se ha escapado.

• Aprende a comunicar las **consecuencias**—siempre haciendo énfasis en la importancia de mensajes claros y directos—para que aquellos a tu alrededor sepan que quedarse en la línea roja tiene sus costos.

Recuerda, tus límites no son simples decoraciones, sino estructuras construidas y mantenidas con fuerza y constancia. Con este **plan**, no solo te premias con tranquilidad, sino que también garantizas que sigas siendo una persona digna de respeto; hacia ti y hacia los demás.

Cómo lidiar con personas que presionan los límites

A veces, te vas a encontrar con gente que no parece **respetar** los límites que has establecido. Pueden usar tácticas comunes para presionar, insistir o hasta manipular. Estas tácticas, aunque desgastantes, son más habituales de lo que imaginas. Pero saber identificar estas estrategias te dará una clara ventaja para manejar la situación.

Una de las tácticas más usadas por estas personas es la **insistencia** constante. Insisten porque piensan que, si te agotan lo suficiente, cederás. Lo hacen con la intención de desgastarte. Otra táctica común es la **manipulación**, donde intentan jugar con tus emociones, haciéndote sentir culpable — "¿No te importo?" — o buscando tu simpatía — "Eres la única persona que puede ayudarme". Estas tácticas están diseñadas para erosionar tus límites. También es muy común que traten de minimizar lo que pides, haciendo parecer que lo que estás defendiendo no es tan importante. Algunas personas usan tácticas más indirectas, como emplear el sarcasmo o las bromas, intentando llevarte a ceder sin que lo notes.

Pero aquí es clave mantener la **calma**. Eso es lo que detiene a los que presionan límites. Ellos usualmente están esperando una reacción emocional, una señal de que su estrategia está funcionando. No se la des. Puede que se sientan desconcertados si tus respuestas son tranquilas y serenas. Esa calma crea un espacio donde mantienes el poder de la interacción. De nada sirve alzar la voz o llenarte de ansiedad. Ser firme, pero calmado, es algo que confunde a cualquiera que intente burlarte. Porque cuando tú sigues diciendo "no" con tranquilidad, pareciera que no importa cuánto intenten, ellos no lograrán sacarte de tu equilibrio.

Mira, cuando estás bajo **presión** y alguien no quiere aceptar lo que ya dejaste claro, ahí entra la técnica del "Disco Rayado". Consiste nada más en repetir tu límite de la misma manera, una y otra vez, sin caer en el juego de argumentos o explicaciones interminables. Algo así como decir simplemente: "Lo siento, no puedo". Si insisten: "No, de verdad no puedo". Esta repetición inquebrantable deja claro que no van a conseguir que cambies de opinión, sin importar cuánto insistan. Por eso se parece a ese viejo disco que repite la misma canción una y otra vez sin fin.

Cuando usas esta técnica del "**Disco Rayado**", es importante recordar mantener el mismo tono calmado durante toda la conversación. Así evitas que la persona encuentre alguna grieta por la cual pueda colarse y seguir empujando. Es cuestión de práctica, pero te aseguro que, cuando domines esta habilidad, necesariamente te sentirás más seguro al hacerla. Verás cómo, al no encontrar respuestas distintas, la otra persona eventualmente cede.

Enfrentar a los que no respetan tus **límites** no es sencillo, claro. Pero armado con calma, **firmeza** y una buena repetición cuando sea necesario con el "Disco Rayado", podrás controlar cualquier situación y mantener tu espacio, sin ceder ni un centímetro.

Ejercicio Práctico: Creando Tu Declaración de Límites

Vamos a comenzar, piensa en ese momento incómodo cuando sabías que querías **establecer** un límite, pero no lo hiciste. Tal vez porque dudaste, o no encontraste las palabras justas. Este ejercicio es para que la próxima vez no te pase lo mismo.

Primero: Identifica un límite específico que quieres establecer. No tiene que ser un límite que cubra todo, sino algo concreto, algo que te ha estado molestando o sobrecargando últimamente. Tal vez lo sientes en el fondo porque come un poco de tu **paz** interior. Quizás alguien en el trabajo pasa por encima de tus horas, o en casa nadie respeta tu tiempo para ti. Piénsalo como un primer paso para que tu vida esté un poco más en tu control.

Ya tienes en mente ese límite específico, ¿verdad? Ahora llega el siguiente paso: Escribe las **razones** por las que este límite es importante para ti. Y esto importa, mucho. Aquí vamos a hacer algo crucial. Pregúntate: ¿Por qué este límite refleja tus valores, tus necesidades? Es una cuestión de bienestar, de sentirte bien contigo mismo cada día. Es como si dijeras que tienes derecho a poner orden en tu vida. Eso mismo, al escribirlo lo haces aún más real. Puede que el límite que buscas tenga que ver con poner freno a mensajes de WhatsApp a deshoras; y tu razón es simple: mereces desconectar para estar mejor contigo mismo y con los demás. No es solo poner un "no" de cualquier manera, es decidir que tu salud física y emocional es importante.

Vale, ya tienes claro lo que quieres y por qué lo quieres. Y aquí es donde pasamos al siguiente paso: Redacta una **declaración** clara y concisa expresando tu límite. No tiene por qué ser complicado. De hecho, mientras más simple mejor. "Después de las 8 pm, no estaré disponible para chats de trabajo." Eso está perfecto porque es directo, no deja espacio para dudas o negociaciones raras. Es un "esto es así porque lo necesito." Y oye, que siempre es mejor pecar de claridad que quedarse corto con esto.

Entonces, ya lo has escrito, ¿cierto? Pues vamos al siguiente paso: Practica decir tu declaración en voz alta, enfocándote en el **tono** y el lenguaje corporal. Esto es la clave. No sirve de nada si tu tono dice una cosa y tu cuerpo la contradice. Lo que quieres es sonar firme, no arrojar al aire una duda. Tienes que colocarte erguido, hacerlo mientras dices, "No voy a desacelerar por culpa de otros." Pon todo esto en práctica delante del espejo. Imagina cómo se podría sentir, para que cuando llegue la hora de ponerlo en un escenario real, lo ejecutes con total naturalidad.

Por último, hablemos del último paso: Haz un juego de **roles** con posibles respuestas y practica mantener tu límite. Puede que enfrentes a alguien que te apure o empuje tus botones, aquí es donde necesitarás estar más preparado. Podrías pedirle a un amigo que haga ese papel. Ensaya respuestas posibles, ensaya reaccionando a la **presión** de ceder – sin en realidad hacerlo. "Entiendo que estés ocupado, pero mi decisión se mantiene." Es práctico, necesario y hasta relajante pensar y prepararte para todo escenario. Porque cuando ya te confrontan, ya no alcanzas correr al baño para buscar una excusa.

Y ahí lo tienes, empezaste imaginando cómo expresar tu límite, y ahora puedes ponerlo en **práctica** con la firmeza que buscas.

En conclusión

En este capítulo, te has **adentrado** en uno de los aspectos más importantes para vivir una vida equilibrada y respetuosa: la capacidad de establecer límites claros. A lo largo del texto, has aprendido a **identificar** tus propios límites, la importancia de **comunicarlos** de manera efectiva y cómo hacerlos respetar. También hemos explorado qué hacer cuando alguien **desafía** esos límites y cómo crear un plan para **protegerlos** consistentemente. Ahora, echemos un vistazo a los puntos clave.

Has visto:

• Cómo conocerte mejor te ayuda a identificar tus propios límites personales

• Que comunicar tus límites requiere tranquilidad, seguridad y palabras claras

• Cómo mantener tus límites siempre firmes refuerza el respeto de los demás

• Que es necesario señalar a las personas que intentan empujar tus límites

• Lo útil que es tener un plan para proteger esos límites que has establecido

Termina este capítulo con la **confianza** de que puedes aplicar estos conceptos en tu día a día. La práctica constante es clave para mantener un ambiente respetuoso contigo mismo y con los demás. Con estas **habilidades**, llevas contigo herramientas valiosas para

fortalecer tu bienestar. ¡Ánimo, tío! Ya tienes todo lo necesario para mejorar tus relaciones y tu calidad de vida.

Capítulo 8: Construyendo respeto mutuo

¿Te has preguntado alguna vez cómo sería tu vida si todos **comprendieran** y respetaran tus **límites**? Yo también me lo pregunté, hasta que decidí escribir este capítulo. Aquí no solo vas a aprender a ver las **conexiones** entre los límites y el **respeto**, sino que algo dentro de ti hará clic. Después, no podrás mirar las **relaciones** de la misma manera.

Me refiero a ese momento en que te enfrentas a **situaciones** en las que alguien desafía tu espacio o tu comodidad, y tú sabes que hay una mejor manera de manejarlo. Más allá de teoría aburrida, este capítulo está lleno de ejemplos concretos y consejos prácticos para ayudarte a enseñar a los demás a respetar tus límites, y cómo responder cuando alguien cruce la línea.

Con lo que leas aquí, las tensiones y los **conflictos** por el respeto serán cosa del pasado. ¡Adelante!

La Conexión Entre Límites y Respeto

Cuando hablas de **límites**, quizás los imaginas como algo incómodo o restrictivo, ¿verdad? Pero en realidad, los límites claros no solo protegen tu espacio personal, sino que también son la base para fomentar el respeto mutuo en cualquier **relación**. Si lo piensas bien, poner límites claros es como dibujar una línea en la arena que señala lo que estás dispuesto a aceptar y lo que no. Cuando otros reconocen esa línea y la respetan, se crea un clima de comprensión y consideración.

Por ejemplo, es más fácil respetar a alguien que sabe decir "no" cuando lo necesita, ¿a que sí? Esa persona te muestra que valora su tiempo y energía, y eso te impulsa a hacer lo mismo. Sin embargo, cuando faltan límites, las relaciones tienden a descontrolarse o, peor aún, se convierten en un terreno de nadie donde puedes sentir que no te respetan. Simplemente porque no hay un mapa claro de lo que debería o no debería suceder.

Pero... ¿qué pasa si sigues sintiéndote mal por establecer esos límites? Ahí es donde entra en juego el **respeto** propio.

Y de verdad, todo empieza con respetarte a ti mismo. Si tú no respetas tus propios límites, ¿cómo esperas que otros lo hagan? Es como tratar de enseñar algo que nunca has aprendido. Porque sí, al fin y al cabo, respetarte a ti mismo es el primer paso para que otros hagan lo mismo contigo. Pero, claro, esto no siempre es fácil. Hay muchas personas que piensan: "No quiero sonar egoísta" o "¿Qué van a pensar de mí?" Todos estos pensamientos pueden llevarte a romper tus propios límites por complacer a los demás.

Es por eso que es tan importante desarrollar una práctica consciente de respetar tus límites, incluso si al principio sientes un poco de culpa. Al hacerlo, no solo mejoras tu calidad de vida, sino que envías un mensaje claro a tus relaciones personales: "Valoro mi tiempo, mis necesidades y mi bienestar", y quienes te rodean comenzarán a valorar esas cosas en ti también. Aunque... una cosa lleva a la otra. Respetar tus propios límites también te lleva a respetar los límites de los demás, ya que entiendes el esfuerzo que esto requiere.

Y ya que estamos en ello, vayamos a la práctica.

Puedes probar el siguiente ejercicio que llamo "Reflexión sobre el Respeto". Este ejercicio te ayudará a identificar de manera consciente prácticas de límites respetuosos tanto contigo como con los demás. Básicamente es una herramienta para la **introspección**, nada complicado, pero de gran ayuda.

Primero, busca un momento de calma y tranquilidad. Puede ser en tu lugar favorito, donde puedas estar en paz con tus pensamientos. Trae una libreta o simplemente relájate y déjalos fluir. Luego, piensa en situaciones recientes donde tuviste que decir "no" o poner un límite. Pregúntate, ¿te felicitaste por hacerlo? ¿Sentiste que fue la acción correcta para proteger tu espacio? De igual manera, reflexiona sobre las veces en que algún amigo o familiar puso un límite hacia ti. ¿Respetaste ese límite? Anota cómo te sentiste en ambos casos.

El punto aquí es enfrentar la idea del respeto sin culpas. Entender que cada vez que respetas un límite, estás contribuyendo a una **relación** más sana y equilibrada. De esta manera, con un sentido profundo de respeto propio y hacia los demás, construyes una especie de círculo de confianza en el que las relaciones florecen de manera saludable.

Y ahí lo tienes, la conexión poderosa entre tus límites y el respeto mutuo. Ambos van de la mano, simplemente porque uno no existe sin el otro. Las relaciones bien cimentadas en el respeto permiten que ambos lados se sientan vistos, comprendidos y, lo más importante, **valorados**.

Respetando los límites de los demás

Hablemos de algo que, a veces, parece difícil de definir pero es totalmente **necesario**. ¿Cómo sabes si otra persona tiene límites saludables? Bueno, no hay una regla escrita en piedra, pero hay ciertos indicios que te pueden orientar. Por ejemplo, si alguien es claro al **comunicar** lo que prefiere o lo que le incomoda, ya sea con palabras o gestos, es una señal de que esa persona ha trabajado en sus propios límites. También está la habilidad de expresar desacuerdos de manera calmada y sin atacar al otro. Esto es un signo muy revelador. Alguien con límites sólidos no entra en una discusión por todo, sino que sabe cuándo retirarse de manera tranquila.

Otro punto importante es observar si respetan sus propios deseos y **necesidades**. Mucha gente, por no quedar mal, sacrifica lo que realmente quiere. Pero cuando una persona mantiene sus decisiones aun si son difíciles, es una clara indicación de un límite bien establecido, y realmente, eso merece admiración. Ser capaz de decir "no" cuando sientes la necesidad de hacerlo, sin sentir culpa, es otro indicador. Esas personas dominan la capacidad de priorizar su bienestar mental y emocional.

Pasa que algunas personas están tan en sintonía con sus propios límites, que ni siquiera necesitas preguntarte si están incómodas o si les cruzaste alguna frontera. Lo sentirás en su energía, en la manera en que te responden. Esto nos lleva al siguiente punto, el llamado **consentimiento**.

Cruzar límites de alguien sin su consentimiento es donde surgen los mayores **problemas** y desentendimientos. Es súper importante tener en cuenta que lo que para ti parece un detalle sin importancia, puede ser un límite infranqueable para el otro. Por eso, siempre, siempre pregunta si lo que vas a hacer está bien. Preguntar "¿Te sientes cómodo con esto?" no tarda nada, pero puede marcar la diferencia entre una situación incómoda y una completamente respetuosa.

Pedir permiso antes de tomar prestado algo, antes de hacer un comentario que puede causar molestias, o simplemente antes de invadir el tiempo y espacio personal del otro. Son gestos pequeños que muestran que **respetas** a la persona con la que te relacionas, algo que es esencial para construir relaciones sanas. Y ojo, esto aplica tanto a desconocidos como a tus seres más cercanos. A menudo, en la confianza es donde más rápido olvidas pedir consentimiento, confiando en que "seguro no le molestará." Pero bueno, mejor ir sobre seguro, ¿cierto?

Aquí entra en juego una técnica fácil y efectiva: el "Chequeo de Límites". Básicamente, es una conducta que adoptes en tus **relaciones** cotidianas. Consiste en tomar una pausa antes de actuar, y preguntarte si lo que piensas hacer podría pisar algún límite, por mínimo que sea.

Supongamos que estás charlando con alguien y de pronto te dan ganas de compartir una opinión honesta sobre su comportamiento. Antes de soltarla, es clave hacer ese "chequeo de límites". Pregúntate: "¿Este comentario hará más bien que mal?". Si tienes dudas, la mejor práctica es preguntar antes de hacer realmente el comentario.

Haz de este "Chequeo de Límites" algo natural en tus **interacciones**, y verás cómo tu círculo empezará a respetar el concepto más y más. Al final del día, todos queremos sentir que nuestros límites son valorados, al igual que nosotros debemos valorar los de los demás. Y créeme, aplicar esto hará que tus relaciones sean mucho más ligeras y, sobre todo, **respetuosas**.

Enseñando a Otros a Respetar Tus Límites

Aplicar tus **límites** constantemente es como enseñar a un perro a quedarse quieto. Bueno, ¡quizás no tan dramático!, pero la idea es la misma. La gente aprende cómo tratarte cuando eres constante en defender tus límites. Es algo que pasa sin que te des cuenta. Por ejemplo: si siempre dices no a estar disponible a medianoche, la próxima vez ni siquiera te preguntarán, ya saben la respuesta. Esto es clave. Si andas aflojando y cediendo de vez en cuando, lo único que logras es mandar el mensaje equivocado, uno que dice: "Mis límites son opcionales." Pero, mira, no lo son. Tus límites son tan importantes como los **cimientos** de una casa. Evalúa cómo el poco a poco ceder en ellos puede terminar justo donde no quieres estar: en un espacio donde lo que tú necesitas va al final de la lista.

Pero claro, no es solo trazar la línea. Tienes que usar palabras claras para traérselo todo en la cabeza a los demás, hacerlo obvio. Si quieres que la gente respete tus líneas rojas, tienes que hablar claro, nada de entre líneas, ni indirectas. La **comunicación** directa es tu amiga aquí. Como cuando le dices a alguien: "No puedo ir, es mi tiempo de descanso." Sin excusas, sin querer adornarlo más de lo necesario. Sabes, cuando das razones vagas, la gente empieza a jugar a la ruleta rusa con tus límites: "A lo mejor si insisto un poco, dice que sí." Por eso, sé transparente y honesto (contigo y los demás), lo cual no es lo mismo que grosero o hiriente. Hay una diferencia, una grande, y encontrar el equilibrio y hacerlo con frecuencia bien es lo mejor que puedes hacer para ti y tus **relaciones**.

Cuando hay alguien que sigue cruzando la línea, ahí entran refuerzos. Piensa en esto como una táctica, un guion para reafirmar eso que ya dejaste claro una vez. Algo tan simple como, "Como ya hemos hablado, este es mi límite." Y sí, sé lo que estás pensando: "Pero mira, ya lo dije antes." Entiendo. Pero aquí es donde la **repetición** se vuelve importante, igual que un martillo dejando la forma en el metal un golpe a la vez. Nunca olvides que no estás pidiendo permiso para tener estos límites, los estás reafirmando. Si hay resistencia, a veces lo mejor es un "Si no puedes respetarlo, quizás no podemos..." y lo dejas en el aire, que también es válido tomar distancia si te siguen empujando.

Todo esto no es cuestión de ser rígido, sino de ser **consecuente**. Cada vez que reafirmas tus límites, estás mandando el mensaje de que estos son tan sólidos como una pared de ladrillo. Tan importante como la primera conversación, es cómo continúas comportándote después, eso es lo que sella la lección en las cabezas ajenas. La construcción de **respeto** mutuo empieza por ti, con tus palabras, tu consistencia y cómo corriges cuando el respeto no está. Parece ciencia, pero en realidad es un **arte** que con práctica llegas a dominar bien.

Manejando Conflictos de Límites con Respeto

A veces, los **problemas** en las relaciones surgen no porque alguien tenga mala intención, sino porque no se tienen claros ciertos **límites**. Es como si, de vez en cuando, cruzaras una línea que ni siquiera sabías que estaba ahí. Esto puede pasar muchas veces, especialmente en relaciones cercanas. Hay algunas fuentes comunes de estos conflictos que, aunque no lo parezca, son más frecuentes de lo que imaginas.

Puedes encontrarte con problemas cuando sientes que la otra persona está siendo demasiado intrusiva—como invadiendo tu espacio personal, tal vez. O cuando alguien no respeta tu tiempo, haciendo planes sin consultar o ignorando tus compromisos previos. También suelen surgir desacuerdos cuando no tienen bien definidos los roles dentro de la relación. Y la cosa es que... no siempre te das cuenta hasta que, ¡zas!, ocurre un choque.

Otra fuente común de **conflicto** es cuando cambian las situaciones—cuando antes había mucha disponibilidad de tiempo y ahora no tanto, o cuando surgen nuevas expectativas que nunca se habían hablado antes. Ya ves, andando por la vida, cambias, y así también tus necesidades y prioridades. Y cuando una de las partes no lo comunica, es casi seguro que habrá problemas.

Quisiera que reflexionaras un poco sobre esto.

Ahora, pasemos a algo realmente importante si quieres hacer frente a estos conflictos de manera respetuosa: **escuchar** activamente. Aquí es donde muchos fallamos pero... también donde más podemos aprovechar. Escuchar no es simplemente oír; se trata de estar realmente presente cuando la otra persona habla. Y, ¿qué significa? Bueno, que no estás pensando en qué vas a decir tú después, ni distraído. Estás ahí, captando los detalles, entendiendo tanto el qué como el por qué.

Escuchar bien es clave porque, muchas veces, el conflicto no está en lo que uno dice sino en cómo lo recibe el otro. Si alguien se siente no escuchado, es como si le ignoraran su punto de vista, y ahí es cuando el problema se vuelve más complicado. Con escuchar activamente creas un espacio seguro donde la otra persona puede expresarse sin miedo a ser interrumpida o descalificada. De alguna manera, permites que se entienda que las preocupaciones del otro también importan, no solo las tuyas.

Quizás suena sencillo, pero no lo es tanto en la práctica. Hace falta **paciencia**, interés real... **empatía**. Es importante que busques comprender lo que se te está diciendo, más que solo intentar defender tu punto. La verdad, escuchar activa y realmente puede ayudar notoriamente a reducir el conflicto y evitar que escale.

Ya después podríamos hablar de cómo se hace todo esto: seguimos con lo que yo llamo la "**Resolución** Respetuosa". Es un pequeño marco que puede marcar la diferencia. Primero, es necesario definir cuál es la necesidad, pero no desde una visión individual sino conjunta. No se trata de imponer. Exponía antes la importancia de escuchar activamente—pues este paso se basa en eso. Expresa claramente, pero con suavidad. Algo como: "Entiendo que necesitas esto, yo también necesito esto otro, ¿cómo podemos llegar a un punto intermedio?"

Manejando el conflicto desde el **respeto** es clave. Busca soluciones que funcionen para ambas partes, no solo para una. Algo así como un "tira y afloja" justo que deje a todos sintiendo que sus preocupaciones fueron atendidas. Es evitar recurrir a ultimátums o posiciones rígidas. Las soluciones deben proponer un equilibrio, una negociación. Esto asegura que ambos sientan que ganaron algo por ceder algo a cambio y, con suerte, lleguen a un punto desde el cual tanto tú como la otra persona puedan avanzar sin resentimientos soterrados.

Así que los problemas de límites vendrán siempre, porque así somos de humanos y, la clave está no en evitarlos sino en manejarlos con cuidado, paciencia y, por sobre todo, mucho respeto hacia el otro.

Ejercicio Práctico: Escenarios para Construir Respeto

A veces, establecer y respetar **límites** no es tan fácil como parece. Estamos hablando de situaciones reales, cotidianas, donde te encuentras entre el deseo de ser amistoso y el instinto de proteger tu espacio personal. Por eso, este ejercicio es tan útil: te ayudará a ganar la práctica que necesitas en situaciones que podrían surgir cualquier día.

Primero, es necesario identificar esos momentos donde los límites pueden verse comprometidos. Tal vez sea cuando un amigo te pide favores sin tener en cuenta tu horario. Otras veces, familiares invaden tu privacidad con preguntas personales que preferirías no responder. Pueden existir situaciones en el trabajo, donde colegas sobrepasan lo profesional esperando que hagas su trabajo. Haz una lista de al menos 5 escenarios similares, donde sientas que tus límites están, digamos, temblando. No te preocupes si no los encuentras todos de una; los escenarios aparecerán de forma natural cuando comiences a recordar esas situaciones donde al final del día, te dices "esto no me gustó para nada".

Lo siguiente es pensar en **respuestas** respetuosas y efectivas para cada uno de esos escenarios. El valor aquí es anticipar cómo podrías reaccionar en lugar de improvisar en el momento, cuando suele ser más complicado. ¿Cómo podrías decirle a ese amigo que no puedes ayudarle porque tienes una fecha límite propia pero que estarás disponible este fin de semana, quizás? O, ¿cómo podrías responderle a un familiar inquieto sobre tu vida privada, respetuosamente, dejando claro que ciertos temas prefieres guardarlos para ti? El truco está en encontrar el balance: proteger tus límites, pero también cuidar la **relación**.

Pero un guion no garantiza el éxito, ¿verdad? Por eso, necesitas practicar cómo dirás estas cosas: así que sin miedo, ensaya frente al espejo. Intenta ajustarte a un tono que sea firme, pero no agresivo. Observa tu postura y tus gestos; mantener amor propio al mover las manos suavemente o mirar a los ojos de la otra persona puede marcar la diferencia entre un choque y un entendimiento mutuo.

Luego de tomar confianza solo, enfréntate a la realidad en su forma más amigable: un amigo o pareja que se preste a ensayar contigo. Si puedes, elige a alguien que también quiera trabajar en sus habilidades sociales, así se benefician los dos. Cambien de papel después de cada intento; ser por un rato "la persona que pide demasiado" te ayuda a entender mejor ambas perspectivas y afinar aún más tus **respuestas**.

Bueno, aquí es donde cierras el ciclo: reflexiona. ¿Cómo te sentiste al decir aquello en voz alta? ¿Hubo alguna palabra que preferirías haber cambiado, se sintió natural? ¿Hubo algún momento incómodo? Al igual que cualquier habilidad, respétalo como un **proceso**, no una solución mágica. Cada intento puede ofrecerte una herramienta más para construir el respeto mutuo en todas tus relaciones importantes. Es un trabajo en progreso, pero práctica tras práctica, se hace más fácil.

Pronto verás los **beneficios**: a quienes amas conociendo los límites de una forma más amable y respetuosa, y sobre todo, te verán como alguien tranquilo, pero muy claro con su **espacio** y el espacio de los demás.

En conclusión

Este capítulo te ha enseñado la importancia de establecer **límites** claros para lograr el **respeto** mutuo en tus relaciones y en ti mismo. Establecer y respetar bien tus límites es fundamental para una buena **convivencia** con los demás. Mediante la práctica de estos conceptos en tu vida diaria lograrás construir relaciones más **armoniosas** y saludables con quienes te rodean.

En este capítulo has visto cómo los límites bien definidos fomentan el respeto mutuo en una relación, la importancia del **auto-respeto** para también respetar los límites que otros establecen, tácticas para identificar y respetar los límites de otras personas, cómo la **comunicación** clara y constante ayuda a educar a los demás sobre tus propios límites, y algunas técnicas para manejar y resolver **conflictos** de límites de manera respetuosa con los demás.

Terminamos recordando que el respeto comienza por uno mismo y que este poder solo puede crecer cuando lo extiendes a quienes te rodean. Con cada **situación** en la que pongas en práctica lo aprendido, estarás dando un gran paso hacia relaciones más fuertes y significativas. ¡Anímate a aplicar estos conocimientos en tu vida diaria y verás cómo el respeto se convierte en un pilar en tus relaciones!

Capítulo 9: Límites en las relaciones familiares

¿Te has sentido alguna vez **agotado** después de una reunión familiar, sin entender exactamente por qué? Bueno, quizá no estés solo. A veces, las **relaciones** familiares necesitan pequeños **límites** para que la convivencia no se convierta en una auténtica batalla campal. Aquí es donde entra este capítulo. Quiero que pienses un poco sobre cuánto has hecho por los demás. ¿Te has metido en **problemas** por dejar tus propios deseos a un lado? Yo lo he hecho.

Lo que intento hacer aquí es darte una guía sencilla para **proteger** eso que necesitas, sin dejar de lado a quienes amas. Pero ojo, no se trata de levantar una muralla frente a tu **familia**. La clave está en poner **fronteras** que no solo te beneficien a ti, sino que también hagan un poco más sencillo entenderse y dejar **pendencias** atrás.

Estableciendo límites con padres y hermanos

Hablar de establecer **límites** en la dinámica familiar es complicado, ¿verdad? Con la familia, las cosas suelen ser más caóticas. Tus padres y hermanos están tan acostumbrados a relacionarse de cierta manera contigo que cambiar las reglas del juego puede parecer un verdadero desafío. Y es que los vínculos familiares están llenos de expectativas. Por un lado, tus padres siguen viéndote como ese niño a quien enseñaron a caminar, por lo que puede ser difícil para ellos aceptar que tú también tienes tus propias reglas y derechos. Y del otro lado, están los hermanos, con quienes creciste compartiendo habitaciones, padres, e incluso disputas. Ellos pueden no entender por qué, de repente, necesitas establecer límites.

Ponerte firme y decir "no" o marcar límites claros, puede desatar tensiones o sentimientos de culpa. Pero es importante entender que esos límites no son para alejarte, sino todo lo contrario. A veces, los roles familiares se han congelado en el tiempo, y ajustarlos es justo lo que necesita la familia para mejorar la **convivencia**. Cambiar la dinámica lleva tiempo, pero es posible hacerlo con paciencia y empatía.

Pero ¿qué puede hacer cambiar estas reglas? Bueno, al principio, podría parecer incómodo y va a requerir mucha **comunicación**. Pero al final, cuando empiezas a establecer y respetar tus propios límites, esos cambios pueden generar un efecto positivo en las relaciones familiares. No significa alejarte de los tuyos; significa ajustarte para vivir mejor con ellos.

Imagina lo siguiente: decides que no te sientes cómodo cuando tus hermanos y padres entran a tu espacio sin previo aviso y simplemente les dices que te gustaría que toquen la puerta antes de pasar. Al principio puede que se quejen o se lo tomen a mal, pero con el tiempo, notarán que ese pequeño cambio ayuda a mantener la paz y el **respeto** mutuo. Ahora ambos se sienten mejor cuando comparten el ambiente. O si estableces límites de cuánto tiempo pasas ayudándoles o dedicándoles, puede mejorar espontáneamente la calidad del tiempo compartido. Un sí cuando lo quieres y un no sin culpa.

Pero esto no se resuelve de la noche a la mañana. Se necesita un plan, algo que organice esos nuevos patrones de interacción para cristalizarlos. Creo que funciona bien un "Plan de Límites Familiares" algo fácil de entender, y sobre todo, fácil de aplicar.

Primero, reflexiona sobre qué es lo que te incomoda en la dinámica actual, eso te dará pistas para saber qué **cambios** necesitas.

Pregúntate, por ejemplo, qué momentos te hacen sentir incómodo o invadido.

Luego, define muy concretamente cada límite y explícaselos de manera clara pero no agresiva. Por ejemplo, si necesitas más **privacidad**, indícaselo a tu familia de una manera que entiendan que no se trata de apartarlos, sino de que te sientes mejor así.

Además, te puede ayudar mucho definir lo que estás dispuesto a hacer por ellos y bajo qué condiciones. Esto no se trata de cortar la comunicación, sino de ponerle un marco claro a cómo interactúan. Quizás explícales que tu cumpleaños es importante para ti por ciertas razones, pero una visita sorpresa durante la semana te inquieta cuando tienes otras **responsabilidades**. Planificar significa explicar tu disposición y prioridades.

Finalmente, asegúrate de recordar que este es un proceso mutuo de **adaptación**. Nadie cambia dinámicas de más de veinte años sin fricción. Y por supuesto, estate abierto a sus respuestas y preocupaciones, porque establecer límites saludables es también establecer una conversación continua y mejorar la capacidad de escucha.

Estableciendo límites con los niños

Hablar de **límites** con los niños puede parecer fácil al principio, pero no lo es tanto. Te lo aseguro. A medida que los peques van **creciendo** y explorando el mundo, es fundamental que exista esa estructura que les indica hasta dónde pueden llegar. Hacerlo en función de su edad es clave. Porque, vamos, no es lo mismo lidiar con un niño de cinco años que está probando hasta dónde alcanza el control y la atención, que con un preadolescente que ya está tanteando más su independencia.

Una forma súper útil de establecer estos límites, teniendo en cuenta la edad del niño, es, por ejemplo, para los más chiquitos, usar reglas sencillas y claras. Como explicar con palabras fáciles por qué no es seguro cruzar la calle sin dar la mano, o crear pequeñas rutinas para mostrar lo que se espera de ellos. Porque sí, a los niños pequeños hay que repetirles las cosas, y está bien hacerlo. Es tu forma de decir sin palabras que esas son las reglas de esta casa.

Con los más grandecitos, esos que ya están en primaria o entrando a secundaria, es cuando ya puedes entrar en la **negociación** de los límites. Aquí ya puedes comenzar a dar explicaciones más detalladas, permitir cierta flexibilidad, y claro, darles un poco de responsabilidad para que ellos también decidan dentro de los límites establecidos. Pero ojo, flexibilidad no significa que todo vale—sigue habiendo reglas, siguen habiendo consecuencias.

Pero ¿sabes qué? Estos límites no se sostienen solos. Ahí es donde empieza el chiste de **modelar**... asumir el ejemplo que tus palabras remarcan. Y no, no es solo mostrarles cómo seguir unas normas, sino también enseñarles a poner sus propios límites, algo que les servirá para toda la vida.

Si ven que te pones un límite—dices que no más de un bocadillo porque ya comiste suficiente o decides apagar la tele porque te hace mal la cabeza—ellos van a captar la onda. Ven en ti cómo se ven los límites en acción, no como una regla fría que te imponen desde arriba, sino como algo sano y necesario para uno mismo. Es verdad, poner límites es casi como mostrarles que creer y **cuidar** de sí mismos es lo más importante.

Pasando a algo bien práctico—porque teoría está bien, pero también hacen falta **estrategias** que funcionen en el día a día—está la idea de los "Momentos para enseñar límites". Me encanta esta estrategia porque no solo suena bonito, sino que realmente les enseña a los chicos a entender, no solo a cumplir ciegamente.

Se trata de aprovechar esas situaciones de todos los días. ¿El nene cruzó la línea y contestó feo? En vez de liarte con broncas o molestias, puedes pausar y preguntar: "¿Cómo crees que se sintió lo que dijiste? ¿Te gustaría que alguien te hablara así?" Es duro, claro, pero es en frío, para que ellos piensen. Así, ellos mismos empiezan a entender el efecto de sus acciones.

Igual que modelar también puedes enseñar activamente a ponernos límites frente a otros o situaciones. Como cuando alguien te pide algo—dices que no puedes y el nene te escucha, aprende de esa pequeña situación. También cuando cuentas algo y dices: "Es importante que escuches a la abuela cuando cuenta esto, ¿no ves que es difícil para ella?"... Encendiendo esa chispa de **empatía** y autocontrol.

En fin, hacer que un nene entienda y establezca sus propios límites no es algo que pase de un día para otro. Es algo de todos los días y de vivirlo en cada detalle... Así los ayudas a ser **libres** de verdad dentro de sus propios mundos seguros y ordenados. No cabe duda. Es genial saber que al enseñarles esto, los ayudas a descubrir las reglas que hacen la vida mejor y más feliz.

Manteniendo Límites en Familias Ensambladas

Cuando se trata de familias ensambladas, la **adaptación** puede ser difícil para todos. Aquí es donde los límites claros entran en juego, ayudando a que las transiciones sean menos complicadas. Es como construir un puente sólido entre dos riberas diferentes. Sin ese puente — o con uno medio torcido — todo se derrumba rápido y el equilibrio se vuelve complicado. Cuando los miembros de la familia tienen expectativas claras y saben exactamente hasta dónde pueden llegar, las cosas simplemente fluyen mejor.

Es importante que todos en la familia, ya sean nuevos o "viejos", comprendan y respeten estos nuevos límites. Pero no solo es cuestión de crear nuevos límites; también es de respetar los que ya existían. Es vital que no se eliminen los límites familiares preexistentes de un plumazo cuando se unen dos familias. Imagina que has aprendido una serie de reglas en toda tu vida y de repente, todo se voltea totalmente. Sería un caos social y emocional. Por eso, respetar lo que ya estaba ahí mantiene una base y no te desorienta — ni a ti ni a nadie, en realidad. Al final del día, no se trata de destruir lo viejo para construir algo completamente nuevo, sino de encontrar maneras en las que todos puedan **prosperar** y crecer, sin avasallar las experiencias y los límites que ya existían.

Ahora bien, para que todo esto funcione de maravilla, necesitas una herramienta práctica. ¿Y por qué no un simple acuerdo? Pues aquí entra el "Acuerdo de Límites para Familias Ensambladas". Un **acuerdo** que todos conocen y del cual todos formen parte es clave para mantener la armonía. Este acuerdo debe contener normas de convivencia básica. Cosas simples, vamos, como respetar los espacios personales, los horarios, o el simple hecho de entender que todos necesitan tiempo para ellos mismos. También que sea una especie de regleta al momento de abordar **conflictos**, sin que las cosas se salgan de control.

Este "Acuerdo de Límites para Familias Ensambladas" incluye varios puntos clave:

• **Espacios** privados: Todos necesitan su propio espacio. Hablen sí, pero que también sepan hacerse a un lado cuando lo necesitan.

• Tiempos: Cada quien necesita una **rutina**. Este acuerdo debería decir cuándo es "hora del almuerzo en familia", cuándo es "hora de la tarea", y cuándo es "hora de tener privacidad".

• Resolución de conflictos: Determinen que discutir se hace siempre con calma, sin insultos ni gritos. Además, esto debería advertir cómo mediar cuando surjan conflictos entre los chicos, incentivando tanto a los adultos como a los niños a participar.

Y claro, establecer reglas con **flexibilidad**, no son guías grabadas en piedra, sino acuerdos vivos que pueden ajustarse conforme la familia ensamblada lo requiera. Tener este acuerdo no solo canaliza expectativas, sino que también da seguridad. Cuando alguien cruza un límite, ya sea niño o adulto, todo se trata de aclararlo según lo acordado. Es que, sin estas normas establecidas, sería difícil lidiar con otra cosa que no sea puro caos.

Conclusión: tener esto claro como el agua facilita el proceso. Límites nuevos relacionados con los antiguos (respetándose entre sí) son la clave de este mutuo **entendimiento** en familias ensambladas.

Cómo lidiar con las violaciones de límites familiares

A veces tu familia, por muy cercana que sea, no entiende la importancia de los **límites**. Quizás te pase esto continuamente con ciertos miembros. Ojo, no siempre lo hacen con mala intención, pero el daño sigue siendo considerable. Sucede cuando un tío entrometido se mete demasiado al dar tu opinión, o cuando tu hermano insiste en darte **consejos** que no has pedido sobre tu vida personal. Estas situaciones van dejando cicatrices, afectan la confianza y generan **resentimiento** con el tiempo. No puedes ignorarlo para siempre.

La clave está en identificar qué **comportamientos** violan tus límites. Y algo crucial: reconocer que estas violaciones —grandes o pequeñas— se acumulan si no les pones un alto. Si alguien siempre llega sin avisar a tu casa o comenta sin permiso sobre tus decisiones de vida... una y otra vez, ese respeto por tus límites empieza a desdibujarse. O sea, una acción pequeña vista como insignificante en general, deja huella sobre cómo los demás creen que pueden tratarte.

Además, cuando hay repetición, empiezas a sentir que los límites son inútiles... que no sirven para nada. Se ven asaltados y empiezas a dudar si deberías mantenerlos. ¡Pero la verdad es que sí deberías!

Para que esos límites funcionen —y no se borren con el paso del tiempo— tienes que ser firme y **consistente** al hacerlos valer. No puedes quedarte en "hoy lo digo, pero mañana me distraigo y lo pasarán por alto otra vez". Es tentador dejarlo pasar para evitar **conflictos** familiares, claro. Pero cada vez que lo haces, refuerzas la idea de que tus límites son opcionales.

De por sí, la familia nota cuando vacilas. Y mira que se aprovechan si ven huecos. Esa falta de consistencia da margen para más violaciones, donde cada vez necesitas ser más radical solo para recordar a los demás que esos límites existen. Establecer un preaviso, y estar atento para reiterarlo si llega el momento, suele ser la mejor estrategia. Cuando eres claro con lo permitido y lo que no, empiezan a respetar tus espacios porque ya no hay confusión.

Ahora bien, corregir sobre la marcha es esencial, pero reparar lo que ya está roto es clave. Aquí entra la necesidad de un proceso de "Reparación de Límites Familiares". Admitamos que la relación nunca es igual después de que los límites fueron cruzados. Quedarte como si nada sucedió rara vez ayuda. Al contrario, se requieren **conversaciones** honestas, donde explicas por qué fue una violación, y cómo te hizo sentir cuando pasó.

En este proceso es útil seguir algunos pasos. Lo primero es revisar, en tu interior, lo que se ha perdido o distorsionado. Así puedes expresarte mejor cuando expongas la situación a la otra persona. Después, reunir valor para tener esa charla directa es indispensable. No necesitas abordarlo con agresión, al revés, la idea es ser calmado y explícito, dejando claro que puedes entender varios ángulos, pero que al final fue un ataque a tus confines personales.

Al llegar a un acuerdo sobre cómo manejarlo en adelante, tiendes la mano a sanar y mejorar. Establecer nuevas reglas conjuntas crea mutuo respeto, y ayuda a que lo que al principio fue una falta, se transforme en una lección para ambos. Eso sí, aunque sea difícil, mantener el proceso corriente y revisarlo, es esencial. Porque las violaciones familiares, cuando se dejan sin resolver, truncan cualquier posibilidad de seguir adelante con lazos saludables.

Cuando has hecho todo eso, lo más adecuado es mantener el **compromiso**. Si vuelven las violaciones, no temas recapacitar y seguir peleando por tus límites, así el día a día resulte menos tóxico para ti y los demás. Al final, restauras el respeto entre cada uno y te apoyas sobre esos marcos fortalecidos que a todos nos tocan.

Ejercicio Práctico: Plan de Acción para Establecer Límites Familiares

Empecemos con una tarea que, aunque puede sonar complicada, te **ayudará** un montón a mejorar tus relaciones familiares: identificar los principales problemas de límites. Este paso es clave porque, a veces, te encuentras molesto o resentido y no sabes exactamente por qué. Así que, ¿cómo vas a **solucionar** algo que ni siquiera tienes claro? Tómate un momento para pensar. Reflexiona sobre esas situaciones que te generan tensión en la familia. ¿Te exigen demasiado? ¿Sientes que te invaden cuando tienes planes? Haz una lista con los tres problemas de límites más relevantes que encuentres. Esto te permitirá **concentrarte** en lo que realmente importa, sin que todo se sienta tan agobiante.

Una vez tengas claros esos tres problemas, es hora de pensar tanto en cómo desearías que fueran las cosas como en cómo son realmente ahora. Vamos a ver. Escribe cómo sería tu límite ideal para cada problema. Por ejemplo, si te molesta que te visiten sin avisar, imagínate que siempre te llamaran antes, pidiendo permiso. Luego, describe brevemente cómo es la situación en este momento. Quizás pasan por tu casa cada dos por tres, sin considerar si estás cansado o tienes algo que hacer. Comparar ambos panoramas te ayudará a ver qué tan lejos estás de lo que verdaderamente quieres y te dará algo concreto en lo que **trabajar**.

Hasta este punto, ya has hecho bastantes reflexiones y observaciones. Ahora sí entramos en materia, veamos cómo puedes enfrentar estos problemas de límites. Para cada uno de ellos, desarrolla un plan de acción específico; esto no tiene que ser algo a lo loco ni súper elaborado. Lo puedes ver como una serie de pasos pequeños y manejables que te acerquen a ese límite ideal que ya visualizaste. Supón que uno de tus problemas es que constantemente te preguntan sobre tu vida personal cuando prefieres cierto nivel de privacidad. Tal vez decides que vas a responder de forma educada pero firme, comenzando con frases neutras como "Prefiero mantener eso para mí" o palabras similares. De la misma manera, si uno de tus límites es que respeten tu espacio personal, podrías empezar diciendo a tus familiares que agradecerías que te avisen antes de visitarte, para asegurarte de que sea un buen momento.

Ojo, no vas a ver **cambios** de un día para otro, y como cualquier objetivo, es bueno poner un cronograma para ir implementando estas modificaciones. Esto también te ayudará a ser consciente de tu progreso—y, claro, ser un poco paciente contigo mismo. Decide cuándo vas a empezar a aplicar cada parte de tu plan. Si un límite requiere una conversación importante con tu familia, ordénalo cronológicamente en qué momento consideras más apropiado dar cada paso. Por ejemplo, y esto es solo una idea, podrías establecer que vas a tocar el tema del espacio personal durante una reunión familiar en las próximas dos semanas, y que tienes un plazo de un mes para implementar los cambios que acordaron.

Ambas partes cuentan, y después de haber trabajado todo esto individualmente, planifica una **reunión** familiar para discutir los nuevos límites que has pensado. Al final de cuentas, la

comunicación es la clave, y sería ideal encontrar un espacio donde puedas comentar tus preocupaciones y soluciones con los demás. Coordina un momento en el que todos puedan asistir—alguien debe poner hasta snacks—y comienza la conversa de manera tranquila. Explica tus límites, pero también escucha lo que ellos tienen que decir, para asegurarte de que todos estén en la misma página y así funcione mejor.

Es un ejercicio que, aunque supone un esfuerzo, te llevará a relaciones más sanas y a ti mismo darte esa **importancia** que a veces dejas de lado. Darle corazón a este proceso es lo que cambiará esos problemas en oportunidades para dar el respeto y responsabilidad que todos merecen, sea en pocas o en muchas palabras. Tranquilo, puedes con esto.

En conclusión

Este capítulo te ha enseñado la **importancia** de establecer límites claros en las relaciones familiares. Sabes que las relaciones con padres, hermanos y abuelos pueden ser **desafiantes**, especialmente cuando intentas marcar ciertos límites para proteger tu espacio personal. Sin embargo, este capítulo te ha dado **herramientas** y estrategias para mejorar tus interacciones familiares y mantener relaciones saludables y respetuosas.

Has aprendido sobre las **dificultades** de poner límites claros en las dinámicas familiares, en especial con padres y hermanos. También has descubierto la manera en que los límites sanos pueden ayudar a mejorar la **relación** con tus seres queridos.

Se te ha presentado un sistema para dibujar el "Mapa de Límites Familiares", algo que te ayudará a organizar tus nuevos patrones de interacción. Además, has adquirido **técnicas** para enseñarles a los niños cuándo, cómo y por qué deben respetar los límites.

Has comprendido la **urgencia** de mantener la consistencia cuando tratas con violaciones de límites familiares y cómo estas pueden ser curadas.

La verdadera fuerza de los límites saludables radica en ponerlos en práctica constantemente. Con el **conocimiento** de este capítulo, estás preparado para construir relaciones familiares que te den tranquilidad y respeto mutuo.

¡Aplica lo aprendido y verás cómo todo comienza a florecer!

Capítulo 10: Límites en las Relaciones Románticas

¿Te has sentido alguna vez atrapado entre lo que **quieres** y lo que **esperas** en tu relación? Pues yo también. Y quiero decirte que nadie debería perderse a sí mismo cuando está **enamorado**. Este capítulo puede ser la chispa que encienda algo nuevo en ti. Aquí vas a notar cómo los **límites** en una relación no son muros rígidos, sino guías que te permiten estar cada vez más conectado con quien eres sin dejar de disfrutar tu vida en pareja.

Imagínate, establecer tus "barreras" desde el principio, manteniéndolas bien claras, para poder resistir todos esos malos tragos que el tiempo trae. Cuidar tu **identidad** dentro de la relación amorosa no solo te protegerá; también alimentará esa **chispa** que te une con tu pareja, que es lo más importante.

Este capítulo trae una propuesta clara, directa y práctica. Adelante—los próximos minutos valen la pena. Vas a descubrir cómo mantener tu **esencia** sin sacrificar la **conexión** con tu pareja. ¡Prepárate para darle un giro a tu forma de ver las relaciones!

Estableciendo límites desde el principio en las relaciones

Cuando **inicias** una relación, hay ese momento emocionante en el que todo parece color de rosa y sientes que nada podría salir mal. Pero la verdad es que en esos primeros momentos es cuando más importante es sentar las bases, y parte de esa base son los **límites**. Puede sonar un poco "serio" introducir estos temas desde el comienzo, pero te aseguro que hacerlo es más fácil que arreglar problemas más adelante.

El truco está en establecer **expectativas** claras. ¿Por qué? Porque si ambos saben desde el principio lo que esperan el uno del otro, evitas malentendidos en el futuro. Si te esperas a que los problemas aparezcan, arreglar todo será mucho más complicado. Además, no se trata solo de saber lo que tú esperas, sino de comunicarlo al principio, cuando todo fluye mejor y sin las cargas emocionales que suelen surgir más tarde.

Por ejemplo, imagínate que valoras tu espacio y tiempo individual, pero tu pareja supone que estar juntos 24/7 es lo ideal. Sin establecer ese tema desde el principio, podrías terminar en una situación incómoda que se habría evitado fácilmente con una **conversación** temprana.

No necesitas hacer todo esto como si fuera un contrato. Se trata más de charlar de manera relajada sobre lo que para ti es importante y escuchar lo que es importante para la otra persona. Lo más relevante aquí es la franqueza, para que ambos sepan realmente qué esperan el uno del otro sin sorpresas desagradables en el futuro.

Hablemos de cómo los límites tempranos pueden prevenir **conflictos** futuros. Esta es la clave para una relación sana y duradera. Ser transparente desde el principio evita que uno de los dos se sienta atrapado o resentido más adelante. Nadie quiere descubrir meses después que tienen expectativas completamente diferentes sobre, por ejemplo, qué tan seguido deberían verse. Eso puede convertirse en un terreno fértil para problemas, e incluso para rupturas que podrían haberse evitado.

Piénsalo de esta manera: plantear las cosas de inmediato es como diseñar una hoja de ruta. Ambos sabrán en qué dirección están yendo juntos. Si uno de los dos se desvía un poco, será más fácil volver al camino porque ya hablaron de antemano y saben lo que es importante para el otro. Y cuando alguna cosa que moleste suceda a lo largo de la relación, será mucho más sencillo resolverlo, ya que acordaron abordar los problemas de manera constructiva sin guardarse resentimientos.

Entonces, es evidente que hablar de los límites de buena fe y lo más temprano posible es algo que no se debe pasar por alto. Pero, ¿cómo inicias esta charla sin que se sienta forzada?

Te doy una pequeña guía para esas "**Conversaciones** sobre Límites en Nuevas Relaciones". Primero, busca un momento tranquilo y relajado, quizás cuando estén dando un paseo o disfrutando de un café. Esto hace que todo sea más natural y menos como si estuvieran planeando el temido término de la relación.

Luego, simplemente empieza con algo como: "Oye, he estado pensando en lo bien que estamos juntos. Me gustaría saber cuáles son las cosas que son importantes para ti en una relación". Aquí lo bueno es que tal vez tu pareja se sienta tan aliviada de que hayas sacado el tema, que lo tome con la misma soltura y abran los temas importantes para los dos.

Después, escucha atentamente lo que tu pareja tiene para decir y responde de manera sincera. Si hay algo que no te suene bien, dilo. Pero dale tiempo a tu pareja también para pensar y expresarse; no todo se tiene que responder de inmediato. La clave aquí es dar, recibir y adaptarse un poco para encontrar un punto en común.

Con el tiempo, estas charlas serán mucho más fáciles, y es muy probable que reduzcas drásticamente las **peleas** que suelen verse en las primeras etapas de una relación por no haber aclarado las cosas desde el principio.

Manteniendo la Identidad Individual Dentro de una Pareja

Cuando comienzas una **relación** amorosa, es fácil involucrarte tanto que puedes perder un poco de tu propia esencia. Tus gustos y aficiones empiezan a ser influidos por los de tu pareja, y a veces, incluso tus decisiones. Sin embargo, establecer **límites** personales dentro de la pareja es clave para preservar quién eres como individuo. Aunque suene contradictorio, poner límites no daña la relación, sino que la fortalece. Es como un contador de oxígeno: tanto tú como individuo y como pareja, necesitas tu propio espacio para respirar.

Por ejemplo, si te encanta pasar las tardes pintando, pero desde que convives con tu pareja has sustituido ese tiempo por actividades conjuntas, podrías terminar sintiéndote incompleto o frustrado. Mantener tu espacio para las cosas que disfrutas es esencial para que no pierdas tu norte y para que te sigas sintiendo realizado.

Pero además de mantener a flote tus intereses personales, los límites también ayudan a prevenir la **codependencia**. En este sentido, diferenciación es la clave de una sana convivencia en pareja. Pero, ¿qué significa realmente esto?

La diferenciación es simplemente la capacidad de mantener quién eres independiente de la influencia directa de los demás, incluyendo a tu pareja. Aceptar la influencia del otro no significa perder tu capacidad de tomar tus propias decisiones o tus intereses. Es algo similar a estar plantado en el mismo jardín, pero en macetas separadas. Ambos compartiendo el mismo entorno, pero con raíces propias.

Es fácil pensar que sacrificar tu **individualidad** es 'romántico' o que es signo de 'verdadero amor'. Pero la realidad es que, para que algo florezca, debe haber un equilibrio entre dar y recibir. Entonces, sí, compartir es importante—pero compartir debería suceder desde la abundancia de tu individualidad, no desde la carencia de ella.

Así que, la próxima vez que te sientas tentado a dejar de lado tu individualidad para estar de acuerdo con algo que va en contra de lo que eres o sientes, pregúntate si esa acción alimenta ambos lados por igual. Si no es así, es tiempo de tomar un respiro y plantearte cómo mantener ese espacio necesario para ambos dentro de la relación sin descuidarte a ti mismo.

A veces pensamos que compartir todo y permitir que nuestras vidas se entrelacen completamente con nuestra pareja es lo ideal. Pero esto puede llevarnos, sin darnos cuenta, a presionar demasiado a la relación. Por eso, la técnica de "**Preservación** de Identidad" puede ser útil. Consiste en crear momentos o actividades donde vuelvas a conectar con quien eres tú solo, aunque estés en una relación estable. Simple, pero efectivo.

¿Cómo ponerlo en práctica? Organiza un día para hacer actividades solo. Puedes ir a caminar, leer en un parque, o simplemente hacer algo que amas, sin tu pareja. Incluso mantener tus **amistades** independientes puede ser una gran estrategia—ir a un brunch o a una salida de chicos. La idea no es separarte de tu pareja sino construir 'puentes' entre tu mundo individual y el compartido. Así que cuando regreses del "día contigo mismo", estarán ambos en mejores condiciones para sumar calidad a la relación.

En resumen, mantén tu **amor** propio como la primera referencia para que todo lo demás fluya. Al final, mantener o crear límites sanos, entendimiento sobre la diferenciación y practicar técnicas como la Preservación de Identidad mejorará tanto tu sentido propio como la relación compartida, nutriendo la pareja de muchas maneras que difícilmente podrías lograr solo sacándote de la **ecuación**.

Abordando problemas de límites en relaciones a largo plazo

Con el **tiempo**, las relaciones largas empiezan a mostrar patrones que pueden desdibujar los límites. Muy común, ¿verdad? Cuando pasa tiempo suficiente, es usual caer en la **rutina** y, sin que apenas te des cuenta, ciertos límites que eran claros al principio empiezan a difuminarse. Comenzaste con tanto esfuerzo, pero, poco a poco, algo tan simple como mantener tu propio **espacio** o decir "no" pasa a segundo plano. Dejas entrar cosas pequeñas porque crees que no tienen importancia. Tal vez optas por no hablar para evitar un conflicto o simplemente porque ya te acostumbraste a ceder. Estas rupturas pueden llevar al **resentimiento**, porque, cómo no, al final cediste más de lo que querías. Todo eso va acumulándose hasta que los límites ya no parecen existir y de repente sientes que algo se ha perdido – tu autonomía, tu equilibrio, e incluso tu bienestar.

Ahí es donde llega la necesidad de hacer un **cambio**, pero no cualquier cambio. Tan pronto te das cuenta de que tus límites se están erosionando, puede ser un buen momento para detenerte y considerar cómo renegociarlos.

El proceso no es tan complicado como suena. Renegociar los límites simplemente se refiere a ajustarlos conforme a la evolución natural de una **relación**. Ciertamente, cada relación crece y cambia, y es razonable que lo hagan los límites también. Lo importante aquí es que te tomes el momento de sentarte y hablar. Decir "oye, hemos cambiado, ¿cómo podemos asegurarnos de que ambos seguimos respetando nuestros espacios y necesidades?", puede evitar muchos problemas futuros. Ya sé que se oye fácil... quizá porque lo es. Se trata de no suponer que el otro sabe lo que necesitas. Hay que ser claro, directo y honesto, no sólo contigo mismo, sino con quien tienes enfrente.

Esencialmente, existe un proceso que ha demostrado funcionar para esto, un simple "Restablecimiento de Límites". ¿Qué es esto? Dítelo a ti mismo y resuélvelo. Dar un paso atrás y recuperar lo que, quizás por la rutina o el paso del tiempo, se diluyó. Si de repente sientes que vuelves a ese modo automático y ni siquiera lo notas – ¡detente y recalibra! Exprésaselo otra vez a la persona con quien hablas y clarifica tus nuevas **necesidades**. Hazlo de forma cariñosa, pero con determinación. Recuerda que se trata de establecer un plan conjunto para revitalizar esa estructura que quizás se haya vuelto frágil.

Realiza ajustes iterativos y cambia metas de **comunicación** cada tanto, para asegurarte de que no regresarán a viejas costumbres no deseadas. Mantén siempre abierto el diálogo entre tú y tu pareja. Y si las emociones intensas aparecen, recuerda que es normal. Tómate un momento para respirar, reflexionar y luego continuar la conversación de manera constructiva.

Ejercicio Práctico: Evaluación de Límites en las Relaciones

¿Sabes cuáles son tus **límites** más importantes en una relación? Primero, haz una lista con tus cinco límites personales. Aunque quizás lo tengas claro en tu mente, es muy útil plasmarlo en palabras. Esto te pone en una posición de claridad y te da un punto fijo desde el cual **evaluar** cómo te sientes en tu relación actual. Un límite puede ser algo relacionado con la comunicación, como no tolerar gritos o insultos en una discusión. Otro puede estar vinculado a tu tiempo personal o espacios que necesitas para ti. Lo que sea que consideres fundamental para sentirte respetado, amado y seguro en tu relación, debería estar en esta lista.

Ahora que ya tienes tus límites identificados, viene la parte interesante: dale una **calificación**, en una escala del 1 al 10, a cada uno de esos límites en función de cómo han sido respetados hasta ahora. Esto no se trata de ser duro o crítico, sino simplemente de ser honesto contigo mismo. Si sientes que un límite no ha sido respetado del todo, te pone en alerta y te ayuda a tender los puentes para la próxima parte del ejercicio. Las calificaciones no deben solo basarse en lo que la otra persona hace o dice; también es una buena idea reflexionar sobre tu responsabilidad, porque a veces eres tú quien no hace cumplir tus propios límites.

Con la calificación en mano, nota si hay alguna área en la que esos límites necesiten ser reforzados o aclarados. La clave está en **identificar** esas áreas grises. A veces, los límites son un poco vagos o flexibles y eso puede llevar a confusión. Si, por ejemplo, uno de tus límites no ha sido respetado, ¿es porque no estaba del todo claro? O tal vez sí estaba claro, pero no te has tomado el tiempo para abordar el tema de nuevo con tu pareja, haciéndole entender lo importante que es para ti. Este es el paso de armar una **estrategia**: ¿qué necesitas que cambie? ¿Cómo se puede aclarar esto? De este modo, pones las piezas en su lugar para abordar el estiramiento o la vulnerabilidad de tus límites.

Es hora de poner en marcha un plan: **piensa** en cómo tener esta conversación de manera calmada y sobre todo útil. Considera las palabras que usarías y el tono adecuado para hacerlo sin crear un ambiente tenso. Sé claro acerca de cuáles límites necesitas revisar y qué impacto tiene en tu relación. Explica suavemente que no se trata de culpas, sino de cómo mejorar juntos. También puedes pensar en soluciones específicas o alternativas que podrías ofrecer: propón horarios para esos momentos personales que necesitas o establece cómo podrían resolver, digamos, ciertos temas complejos, como demandas laborales que chocan con el tiempo en pareja.

Finalizando el ejercicio, necesitas un tiempo especial para hablarlo con tu pareja. **Agenda** un espacio libre de distracciones. Encuentra un rato en el que ambos estén relajados y dispuestos a escucharse mutuamente. Quizás agregar algún comentario calmado como "¿nos sentamos con un café y cerramos esta semana?" pueda hacer que todo fluya naturalmente. La idea es que esa revisión de límites ocurra en un momento en que ambos estén dispuestos a escuchar, entender y, sobre todo, **ajustar** lo que sea necesario para cuidar y fortalecer lo que tienen.

En conclusión

Este capítulo te ha mostrado la **importancia** de establecer y respetar **límites** saludables en las relaciones románticas. Te ha proporcionado **herramientas** clave para crear una conexión más significativa y cuidadosa con tu pareja, al mismo tiempo que se cuida la **identidad** personal de cada individuo dentro de la relación.

En este capítulo has visto el papel que juegan los límites en la construcción de la intimidad y la confianza. También has aprendido sobre la relevancia de fijar expectativas claras desde el principio de una relación y la importancia de mantener una identidad individual dentro de la pareja. Además, has explorado el patrón de cómo los límites pueden desgastarse en relaciones largas y has recibido una guía para evaluar y ajustar los límites según lo necesite la relación.

Mantener tus límites en una **relación** no significa aislarte o poner barreras entre tú y tu pareja; al contrario, se trata de generar un **espacio** donde ambos puedan crecer y sentirse seguros. Usa lo que has aprendido, sin olvidar aplicar estos conceptos en tu relación. Recuerda: una relación saludable es resultado del **respeto** mutuo a los límites y a la individualidad de cada uno. ¡Es tu momento de actuar y **fortalecer** tu relación!

Capítulo 11: Límites en el lugar de trabajo

¿Cuántas veces has sentido que te falta un **espacio** propio en el trabajo? Sé lo **complicado** que esto puede ser y, como tú, me he enfrentado a esos momentos en que sientes que tus límites no existen. Pero déjame decirte algo: es crucial aprender a trazar líneas claras. Este capítulo te guiará en este proceso. Aprenderás a separar lo **profesional** de lo personal, a decir que no cuando es necesario, y a proteger tu **tiempo** valioso sin sentir culpa.

Aquí te voy a mostrar cómo identificar y corregir esas situaciones incómodas en el **trabajo**, incluso cuando se trata de jefes y colegas que se pasan de la raya. Vamos a poner en **práctica** escenarios reales para que te sientas más seguro en tu día a día. Este es el paso que falta para que ese espacio en el trabajo sea todo tuyo.

Prepárate para aprender a establecer **límites** sanos y a mantener un equilibrio entre tu vida laboral y personal. Con las **herramientas** adecuadas, podrás crear un ambiente de trabajo más respetuoso y productivo. ¡Adelante, es hora de tomar el control de tu espacio laboral!

Límites Profesionales vs. Límites Personales

No es un secreto que los **límites** juegan un papel clave tanto en tu vida personal como en la laboral, pero ¿alguna vez te has preguntado cómo varían realmente entre esos dos ámbitos? Dicen que no deberías mezclar negocio con placer, y con razón, pero va un poco más allá de eso. Los límites personales y laborales no son iguales. Tienen objetivos distintos y modos diferentes de aplicarlos. Para empezar, los límites personales tratan sobre proteger tu bienestar emocional y físico en relaciones más íntimas: con familiares, amigos o en pareja. Aquí se trata de sentirte seguro y respetado. Sin embargo, los límites profesionales son más sobre mantener una relación adecuada en el **trabajo**. Esto incluye la productividad, la ética laboral y el respeto mutuo entre colegas. Aunque los dos son esenciales, hay que saber cuándo y cómo poner cada tipo de límite.

Por ejemplo, un límite personal podría ser decidir cómo compartes tu tiempo libre con amigos, tu espacio o cuánto estás dispuesto a escuchar problemas ajenos. En cambio, un límite profesional está relacionado con cosas como establecer horarios claros para que no se aprovechen de ti, o que presenten un mutuo respeto cuando expresas una opinión en una **reunión**. Es que en el lugar de trabajo no vas a decirle a tu jefe que necesita tratarte con más cariño, pero sí puedes pedir que se respete tu tiempo cuando estás fuera de las horas laborales.

Ahora, las cosas no son completamente blanco y negro entre los dos. Aceptar el concepto de "alcohol, amigos, problemas personales y el trabajo" sosteniendo una separación nítida podría sonar como la estrategia más segura, pero a veces empiezas a charlar con un compañero en el trabajo y, antes de darte cuenta, terminan hablando sobre el divorcio. Una cosa lleva a la otra, ¿no? Ahí es cuando comienzan los enredos. Y es necesario definir a conciencia cómo afectará la **dinámica** laboral sin traspasar esa delicada línea entre lo profesional y lo personal.

Hablando de lo valioso que es establecer límites profesionales dentro de un entorno positivo, estos límites crean una atmósfera donde todos tienen claro qué esperar y no tratarán de aprovecharse unos de otros. La gente sabe cuándo y cómo puedes decir "no" sin ser malinterpretado. Crea un espacio seguro donde sentirte cómodo trabajando, sabiendo que tus derechos y valores serán respetados. Y más importante aún, facilita la **comunicación** con las personas a tu alrededor, porque cuando alguien te respeta en el trabajo, es más fácil colaborar y ser más productivos juntos. No es un campo minado y no tienes que andar de puntillas, amigo. Puedes estar seguro de dónde empiezan y terminan tus obligaciones.

Y ¿cómo puedes mantener esos límites entre lo laboral y lo personal claros como el agua? Aquí te propongo el "Mapa de Límites Trabajo-Vida". Lo que haces es dibujar una línea imaginaria donde defines cuándo te desenchufas del trabajo y cuándo te permites traer algunas de esas relaciones del trabajo a tu vida personal. Piensa en marcar claramente tus **horarios** para que compañeros de trabajo y equipos respeten tu tiempo libre. Además, establece también hasta dónde estás dispuesto a compartir sobre tu vida privada en el trabajo —eso evitará roces innecesarios.

En conclusión, lo personal se trata más de cuidar de ti mismo, mientras que en lo laboral hablamos de mantener relaciones profesionales limpias y claras. La idea es sencilla: ser claro en ambos determina cómo moldeas tu **interacción** con los demás, porque si los demás te encuentran accesible dentro de tus propios límites, tu vida, tanto en lo personal como en lo profesional, se mantendrá más **equilibrada**.

Estableciendo límites con colegas y supervisores

Definir límites con personas en el **trabajo** es como plantar señales de tráfico en medio de una autopista llena de coches acelerados. A veces, sientes que no hay momentos para establecerlos tranquilamente. Pero es **crucial**. Porque cuando delimitas bien tu terreno, todo fluye de manera más sencilla. Ahora, comenzar a poner esos límites puede parecer intimidante, como enfrentar una montaña no tan pequeña, pero hay formas directas y eficientes de hacerlo.

Se trata de cómo **comunicas** esos límites a tus compañeros de trabajo sin que suene agresivo o cortante. Imagina que estás negociando un acuerdo, donde la clave está en ser claro desde el principio y mantener el respeto mutuo. Para esto, puedes usar expresiones como: "Prefiero cerrar los pendientes por correo para asegurarnos que no se nos pase nada..." o "Me ayudaría mucho si podemos limitar nuestras reuniones a los temas importantes, así aprovechamos mejor el **tiempo**." Hacerlo desde una perspectiva de eficiencia y respeto convierte una posible situación tensa en algo positivo y enriquecedor. También es útil practicar la forma en que lo dirás, ya que lograr que la otra persona entienda que no es un reclamo, sino una necesidad, puede cambiar el panorama por completo.

Y bueno, hablando de momentos incómodos, también hay que saber cómo actuar cuando alguien viola esos límites. No hay que caminar de puntillas alrededor del problema ni hacer la vista gorda, porque eventualmente te afectará más. Entonces, ¿cómo lo abordas sin dañar la **relación** profesional? Primero, respira hondo y habla con la persona involucrada en privado, nunca frente a otros. Usa un tono calmado y directo: "Me he dado cuenta de que en ocasiones se me pide trabajar fuera de mis horarios establecidos. Es algo que me ha estado resultando complicado y agradecería si pudiéramos respetar el acuerdo clarificado al inicio." Dejar claro cómo te hace sentir esa violación y proponer una solución cuidará de la relación sana y protegerá tus límites.

Ahora, ¿qué hacer para dejar todo esto más claro y quizás incluso para evitarte futuras conversaciones incómodas? Pues puedes implementar una "**Declaración** de Límites Profesionales" en el lugar de trabajo. No necesitas un documento largo ni complicado, con algunas líneas claras será suficiente. Por ejemplo, al entrar en un proyecto, podrías comunicarte por escrito usando algo como esto: "Para optimizar nuestras colaboraciones, me parece útil compartir mis límites laborales: Estoy disponible para reuniones entre X y Y horas. Prefiero la comunicación por correo para asuntos relacionados con [proyectos específicos]. Si surge algo importante fuera de estas horas, con gusto ajustaré mi ropa de superhéroe para atenderlo (bajo consideración). El respeto por los tiempos de respuesta es determinante para mantener nuestra **productividad**." Y fíjate cómo un tono amigable suaviza lo que podría haberse interpretado de otra manera.

En fin, al colocar límites necesarios en el trabajo, no solo protegerás tu **bienestar**, sino que establecerás relaciones más sanas y respetuosas, lo que, al final del día, **beneficia** a todos.

Equilibrando los límites entre el trabajo y la vida personal

Mantener los límites claros entre el trabajo y la vida personal no es tan solo una buena idea, es **necesario** para evitar ese sentimiento de **agotamiento** que a veces parece asomarse sin previo aviso. Porque, seamos sinceros, trabajar hasta tarde, responder correos fuera del horario laboral, o estar pendiente de las reuniones del día siguiente desde tu cama, no ayuda a mantener tu energía por mucho tiempo. Y cuando el agotamiento se instala, difícilmente rindes de la manera que quieres, ¿verdad? Es como intentar rellenar una jarra vacía.

Establecer bien esos límites no solo mejora tu **bienestar** general, también reduce la típica tentación de procrastinar. Así es. Cuando te concentras en cumplir tus horas de trabajo dentro de un horario definido, sin estar lidiando con tareas personales al mismo tiempo, logras enfocarte mejor. Y adivina qué: eso significa que acabas más rápido lo que tenías que hacer. De pronto, te das cuenta de que es posible aumentar la **productividad** y a la vez tener ese tiempito extra después del trabajo para relajarte – o hacer lo que te plazca.

Y no es solo eso. Muchas veces, la calidad de tu trabajo también mejora cuando tienes ese descanso mental necesario cuando acaba la jornada. Dedicarle tiempo a estar con la familia, salir a caminar, o simplemente no hacer nada, refuerza tu salud mental, y una mente sana es mucho más creativa y eficaz.

Bueno, entonces, ya sabes que tener horarios y descansos establecidos es vital. ¿Pero qué pasa con esos molestos límites digitales? Ahí viene el otro tema importante.

En la era digital en que vivimos, donde todo parece confluir en una notificación tras otra, gestionar el trabajo no es tan simple como apagar una computadora cuando te vas de la oficina. Porque, sí, el trabajo viaja contigo a todos lados si no vigilas lo que hacen tus **dispositivos**. Tal como podría ser revisar ese correo antes de acostarte – parece inofensivo, pero es abrir la puerta al mundo laboral justo cuando deberías cerrar los ojos.

Podrías, y digo podrías, empujar la necesidad de **desconexión** activa como parte de estar mejor preparado para el día siguiente. Dejar claro cuándo estás disponible, incluso con tus compañeros de trabajo, hace una gran diferencia para mantener esa barrera invisible entre tiempo personal y laboral. Algo tan simple como marcar horarios fijos para consultar mensajes o habilitar en tu teléfono aquellas funciones de "No molestar", cambia la dinámica bastante. A lo mejor suena insignificante elegir no contestar correos electrónicos fuera del horario de oficina. Pero vale la pena... cada minuto.

Y por cierto, los indefectibles hábitos de revisar chat en el almuerzo, o abrir documentitos imprevistos durante la cena, todo eso necesita moderación. Porque sí, también afecta tu espacio personal sin que te des mucha cuenta, hasta que finalmente sientes cierto distanciamiento de lo que te da alegría diaria que no tenga que ver con el trabajo. El resultado, otra vez agotamiento. Total que pones cánones para todo lo que es profesional o familiar, y al final son ellos los que ponen rumbo en cómo vives el día a día.

Ahora, pensando en cómo podrías encajar todas estas ideas para encontrar un **equilibrio**, se me viene a la mente la técnica de "Integración Trabajo-Vida". Algo mucho más llevadero, planeado, libre de etiquetas. No se trata tanto de qué pones en un sitio u otro, sino más bien cómo integrarlo de manera que todo marche de acuerdo a lo que necesitas. No es tener dos apartados, sino más bien hacer que convivan, en armonía, ambas áreas de tu vida.

Este método incluye ciertos "no negociables" donde tanto el trabajo como el tiempo personal se encuentran en función de tus **prioridades**, sin sacrificar nada. Puede ser algo como determinar momentos del día o de la semana dedicados nada más a tu crecimiento personal. Como cuando decides que los sábados en la tarde son inamovibles para estar con los amigos o la familia. ¿Y en la oficina? Versiones más dinámicas del multitasking. Imagina alternar rutinas durante el día enfocándote en pequeños proyectos de trabajo para luego permitirte espacio donde recargas energías.

En fin, hallar ese punto entre estar presente tanto en lo laboral como en tu entorno personal requiere de cierta estrategia – pero cuando lo logras, todo encaja. Nada mal, ¿eh?

Abordando las Violaciones de Límites en el Trabajo

Este tema es realmente **importante**: no hay lugar donde las violaciones de límites sean más comunes que en el **trabajo**. Imagínate, te asignan una tarea más sin avisarte; un compañero invade constantemente tu espacio personal o, peor aún, tu jefe te manda correos electrónicos fuera del horario laboral... Normal, ¿no? Pero rápidamente empiezan las molestias, como pequeñas piedritas en el zapato que van incomodando más y más con cada paso. Algo tan aparentemente simple puede lastimarte, no solo porque te estresa, sino porque te obliga a ceder, dejando que tu propio **bienestar** termine apagándose por la presión de cumplir.

El problema es que cuando estos límites se cruzan, te afecta en varios niveles. Deja rastros, como mareos tras una noche sin dormir. Y empiezas a sentir **agotamiento**, falta de motivación, y a presentarte sin ganas. Porque además de cansarte físicamente, afecta lo emocional y lo mental, quitándote la energía para cualquier cosa que haga la pesa del trabajo aún más difícil de levantar. Hace que te sientas mal, como si no importaras, tus necesidades están en juego... Y lo que debería ser un ambiente donde todos pudieran trabajar con gusto, se convierte en una carga pesada – estás de malas todo el tiempo.

Pero cuando estos problemas aparecen y se vuelven difíciles de aguantar, el papel de **Recursos Humanos** (RRHH) y las políticas de la empresa se vuelven claves. Están ahí para moldear el ambiente laboral y hacer justicia, dándote lo que mereces: trato equilibrado y respeto. Vale su peso en oro que la empresa establezca reglas claras, políticas escritas que protejan derechos y definan la forma en la que todos deben comportarse en la oficina. Algo como un manual, donde están tus garantías.

Incluso puedes acercarte a RRHH e informar sobre estos problemas, de la misma forma en que levantas la mano para que te escuchen cuando tienes algo que decir. Se espera que el equipo de RRHH – y esto es bien importante – trate estas situaciones con el cuidado que se merecen. Pero, errr, estoy convencido de que todos hemos visto o experimentado alguna situación en que RRHH no toma decisiones como debería. Cuando pasa esto, la sensación de impotencia puede multiplicarse y a veces te preguntas, "¿Cómo no hacerlo yo mismo?". Cuestión de que ellos se encarguen de marcar las reglas.

Y claro, saber cómo responder cuando invaden tu espacio es una **necesidad** absoluta en cada lugar de trabajo. Nadie quiere sentirse atrapado, igual que nadie quiere caminar sobre trozos de vidrio – aprendes la lección rápido cuando estás en un entorno así.

Aquí te propongo un protocolo simple pero efectivo al que podrías recurrir en estas situaciones. ¿Cómo llamarlo? "Respuesta a Violaciones de Límites en el Lugar de Trabajo":

• **Evalúa** la situación: ¿Fue demasiado? ¿O tal vez justo? Asegúrate.

• Comunica tu descontento: Pero no esperes días; cuanto más fresco, mejor. Muy cortés, pero firme.

• Asentamiento clásico: Mantente en tu lugar y hazle notar al intruso que cruzó la línea. No dejes que se repita.

• Acércate a RRHH: Si sientes que lo necesitas, informa de inmediato. Mejor ser claro.

• Registra el incidente: Ya sé, suena fastidioso, pero dejar constancia puede evitar problemas peores, y sirve si necesitas pruebas.

• Notifica a alguien superior: Siempre hay superiores –jefes de jefes– cuando sea necesario.

Y claro, nadie dice que este tipo de situaciones serán divertidas. Pero determinar cuándo y cómo actuar te dará una visión clara y **control**. Las cosas fluyen mejor... y al rato se siente más la paz. Tu espacio, tu tranquilidad, tu ritmo.

Ejercicio Práctico: Escenarios de Límites en el Lugar de Trabajo

Primero, vamos a centrarnos en **identificar** esos desafíos comunes en el trabajo. A veces, entre tanta reunión, emails y plazos, te encuentras con situaciones que, honestamente, pasas por alto o ignoras. Pero son esos pequeños momentos, donde te sientes incómodo o incluso molesto, que hay que observar. Ahí aparecen los desafíos de límites. Esos momentos en los que no tienes tiempo para hacer tu propio **trabajo** porque siempre están pidiéndote "un favorcito más" o esos compañeros que parecen no saber distinguir entre lo profesional y lo personal. Hasta, seguro lo has vivido, el típico que te interrumpe justo cuando estás en lo tuyo, concentrado. Estos son algunos de los escenarios que tienes que identificar con precisión.

A continuación, una lista rápida de esos cinco desafíos:

- Compañeros que interrumpen constantemente para pedir ayuda.

- Jefes que te piden cosas fuera del horario laboral.

- Colaboradores que no respetan acordar los plazos de trabajo.

- Mensajes urgentes a cualquier hora, incluso en fines de semana.

- Confusiones sobre quién es responsable de ciertas tareas.

Ahora, ¿cómo **responder** a estos escenarios respetando los límites? Es hora de afinar esas habilidades. Imagina esta escena: un compañero que interrumpe con una consulta cuando estás tratando de cumplir un plazo importante. Tu respuesta debe transmitir respeto, pero con claridad de que tu tiempo también es valioso: "Entiendo que necesitas ayuda. Ahora estoy enfocado en una entrega, pero puedo verlo después de unas horas". Así, mantienes la conversación profesional y marcas los límites por ambas partes. Haces lo mismo para cada uno de esos desafíos que acabas de enumerar. Por ejemplo, si un jefe te llama después del horario laboral, algo sencillo como "Lo revisaré mañana temprano y te lo comparto" menciona que no vas a hacerlo en tu tiempo libre, pero que la tarea será atendida.

Pero escribirlo no es suficiente. Va mucho más allá de las palabras en un papel o una pantalla. Es momento de prepararte para decirlo en voz alta, así que empieza a **practicarlo**. Pruébatelo frente a un espejo, pensando cómo lo comunicarías sin parecer brusco ni perder el profesionalismo. Importa tanto lo que se dice como suena: la entonación, el lenguaje corporal, todo cuenta. Estás trazando los límites con respeto y, con la práctica, esos límites se sentirán como una segunda piel.

Ahora, lleva estas palabras a la práctica con alguien más. Encuentra algún compañero de confianza y juega a algo no complicado, como una **dramatización** rápida. Te pones en la situación de escenario y alternan roles. Así, ambos podrán sentir cómo se dan y reciben estas respuestas. Podrás ver cómo se siente estando del otro lado y ajustar tu entrega en función de lo que notes en la reacción de tu colega. No te preocupes mucho en hacerla perfectísima en la primera vez, la idea es ir afinando.

Finalmente, toma un momento para pensar en cómo ha ido. **Reflexiona** sobre lo que has aprendido a lo largo de los últimos pasos. ¿Hubo partes en las que vacilaste o no transmitiste lo que querías? No es un examen, pero más vale hacer este ejercicio de manera auténtica para sacar el máximo provecho. Y, si ves que en algo podrías mejorar, no dudes en ajustarlo la próxima vez. Son estos espacios de mejora los que irán haciendo tus **límites** cada vez más sólidos, hasta el punto donde decir "no", lo harás sin siquiera pensarlo dos veces, pero siempre desde el profesionalismo y la claridad.

En conclusión

Este capítulo te ha mostrado la **importancia** fundamental de establecer y mantener **límites** claros en tu vida laboral. Se han discutido aspectos específicos que definen cómo puedes lograr un **ambiente** de trabajo más positivo y protegido, sin comprometer tu salud mental ni tu bienestar general. Resaltar la diferencia entre límites profesionales y personales es crucial para lograr el **equilibrio** deseado. Esto no solo mejora tus relaciones con compañeros y jefes, sino también tu **productividad** y motivación diaria.

En este capítulo has visto cómo las fronteras entre lo profesional y personal pueden marcar una diferencia en tu bienestar general. La **importancia** de comunicar límites con claridad a tus colegas y supervisores es innegable. También has aprendido consejos prácticos para reconocer y manejar situaciones donde tus límites sean desafiados. Además, has descubierto cómo los límites laborales definidos de manera adecuada pueden reducir el riesgo de **agotamiento** y estrés. Por último, has explorado la utilidad de los ejercicios prácticos para poner en acción las enseñanzas sobre los límites en el **trabajo**.

Cierra este capítulo con la convicción de que implementar los límites tratados mejorará tu día a día, dando lugar a una vida laboral más satisfactoria. Recuerda que mereces respeto, y establecer tus límites es una manera efectiva de conseguirlo, impregnando cada área de tu vida con equilibrio y tranquilidad. ¡Ánimo, tío! Estás en el camino correcto para lograr una vida profesional más plena y satisfactoria.

Capítulo 12: Límites en las amistades

¿Alguna vez te has sentido **agotado** por una amistad que parecía exigir demasiado? A mí también me ha pasado. Sabes, a veces en las **amistades**, conocer el punto exacto donde trazar **límites** puede parecer un reto. Me atrevería a decir que este capítulo podría ser lo que necesitabas para ver algunas **relaciones** desde otra perspectiva. Aquí, no solo aprenderás a identificar lo que es **sano** cuando se trata de amigos, sino también cómo lidiar con esos amigos que, digamos... no siempre traen lo mejor a tu vida. Y lo mejor de todo, lo haremos de manera **práctica**. Confía en mí, tu **círculo social** nunca se sentirá igual después de pasar por estas páginas. ¿Estás **listo**? Vamos allá.

Definiendo límites saludables en las amistades

Cuando hablamos de **amistades**, todos hemos sentido en algún momento que las líneas divisorias entre lo que está bien y lo que no, se vuelven borrosas. Pero los **límites** son como esa barandilla que te impide caer. Sí, quizá suena un poquito dramático, pero, sin esos límites, te puedes encontrar con situaciones incómodas o con amigos que no respetan tus emociones, tiempo o espacio. Y, seamos honestos, todos hemos tenido alguna de esas amistades. Las que comienzan bien pero sin darte cuenta empiezan a invadirte de formas que nunca pensabas.

La gracia de los límites en las amistades es que no tienen que ser barreras enormes que te aíslen de las personas. Son, más bien, pequeñas señales que le indican al otro dónde se pasa la raya. Son como las luces amarillas en un semáforo. No detienen la relación, solo ayudan a frenarla cuando vas demasiado rápido. Lo ideal es que definas qué estás dispuesto a tolerar y qué no. Pero ojo, no te alarmes. Más que proteger, estos límites dirigen la relación hacia un terreno donde ambos pueden caminar tranquilos, sin pisar descalzos sobre vidrio.

Cuando aclaras desde el inicio qué esperas de una amistad —ya sea que necesites más tiempo a solas o menos dramas compartidos—, no solo mejoras la **comunicación**, sino que a menudo refuerzas la **confianza** entre las dos partes. ¿Por qué? Porque cuando uno sabe hasta dónde puede llegar, se siente más seguro.

Entonces, hablando de límites claros, una vez que esos puntos están establecidos, tus amigos empiezan a actuar en base a lo que saben que respetarás. No hay rodeos ni suposiciones porque todo está claro. Esto alimenta la confianza como nada más. Es como decirle al otro "confío en ti para que respetes esto" y, al hacerlo, tu amigo acaba haciéndolo. Es algo intuitivo, claro, pero muy real. Cuando abras este tipo de diálogo, verás que el **respeto** mutuo crece sin esfuerzo. Tú comunicas tus necesidades, y el otro responde de manera respetuosa porque sabe lo que está en juego, sabes que ser ignorado duele, entonces ellos ponen cuidado también. Y ahí es donde la magia sucede. Tu amistad deja de enredarse en malentendidos y empieza a sentirse... segura.

Ahora hablemos de cómo puedes darle inicio a este tema en tu vida cotidiana. Antes que nada, hablemos de nuestra "Guía Básica de Límites Amistosos". Y no te preocupes, que es coser y cantar. Solo necesitas sencillos pasos para empezar a marcar esos espacios sin necesidad de alarmar o herir sentimientos. Vamos con esto:

• Sé **honesto** contigo mismo. Identifica qué te incomoda y por qué.

- Expresa tus límites de manera clara pero relajada. Nada de sermones. Solo comparte lo que necesitas de manera genuina.

- Mantente firme, pero flexible. Aprender a **negociar** es parte esencial de esto.

Con estos consejos en juego, comenzarás a observar cómo tus amistades se solidifican. Y va a ser porque sabes exactamente dónde termina tu espacio y comienza el del otro. Sin roces innecesarios, sin pisotear sensibilidades.

Es entonces cuando tus amistades se vuelven más fuertes, más duraderas y, francamente, mucho más **satisfactorias**.

Abordando los Desequilibrios en las Amistades

A veces, en las **amistades**, algo se siente... raro. Sabes de lo que te hablo, ese pequeño malestar que aparece cuando te das cuenta de que estás dando más de lo que recibes, o quizás al revés. No sabes ni cómo, pero has llegado a un punto donde sientes que todo el **esfuerzo** viene de tu lado, que eres tú quien organiza todo, escucha siempre y está disponible, mientras que la otra persona apenas mueve un dedo. O tal vez, te has dado cuenta de que eres tú quien siempre depende de ellos... y empiezas a preguntarte cómo llegaste ahí.

Esas señales, esos pequeños toques incómodos, son indicios de un **desequilibrio** en los límites de la relación de amistad. Y no estás solo; nos pasa a todos, en realidad. A veces el problema es tan sutil que no lo reconocemos hasta que ya ha pasado mucho tiempo. Por ejemplo, si empiezas a encontrarte sobresaturado cuando estás con esa amistad, o te das cuenta de que tus palabras de afecto no son recíprocas. Que la persona solo te busca cuando tiene un problema, pero desaparece el resto del tiempo. Estas son formas en las que somos conscientes de ese desequilibrio. La clave está en no dejar pasar esos momentos. Darte cuenta y pensar, "oye, tal vez aquí pasa algo."

Y una vez que reconoces esas señales —que son difíciles, lo admito— lo importante es **hablar** del tema. ¿Pero cómo empezar una conversación así? Porque, claro, quieres hacer ajustes, no crear problemas.

Podrías decir algo como, "He estado sintiendo que últimamente soy yo quien siempre toma la iniciativa para vernos, y me pregunto si tú también estás notando eso." Algo sencillo. Nada de confrontación ni crear tensión, solo comenzar una conversación desde la **empatía** y el deseo de mejorar la relación. Lo que más ayuda en estos casos es mantener el enfoque en cómo junto a esa persona se pueden mejorar las cosas, hablar de lo fantástico que es cuando ambos amigos se apoyan mutuamente... porque al fin y al cabo, eso eres. Un equipo. Y cualquier equipo necesita equilibrio para funcionar bien.

Después de iniciar esa conversación, que claro es importante, llega el hacer reequilibrio de amistades. Una técnica simple que puedes usar para dar los pequeños ajustes que quizás hagan falta.

El "**Reequilibrio** de Amistades" no busca, para nada, que ambos aporten lo mismo constantemente. No es así de rígido. Simplemente se trata de ser más conscientes. De vez en cuando checarse uno al otro, para ver si alguien está llevando una carga demasiado pesada. Establecer **acuerdos**. Tal vez, tras la charla, se acuerda que cuando uno necesite espacio se comunique, y cuando otro pase por un momento difícil, se apoye sin preguntar. La flexibilidad en esos acuerdos es tan importante como la sinceridad. Aquí, ningún malestar queda opacado, ningún detalle se pasa por alto. Se trata de relacionarse mutuamente al nivel que ambos pueden mantener, así sin sabotaje personal. De esta forma, la amistad no solo se mantendrá a flote sino que podrá dar espacio para crecer más todavía, en dupla.

Porque, después de todo, en una amistad se necesita escuchar la voz del otro pero también la propia... Y eso siempre implica **equilibrio**.

Estableciendo límites con amigos tóxicos

¿Te has dado cuenta de que algunas personas a tu alrededor no te aportan lo que debería ser una verdadera **amistad**? Puede que estés rodeado de gente que te hace sentir mal en lugar de bien, que te pide más de lo que realmente te da, o que simplemente te usa como un recurso para sus propios **problemas**. Esos comportamientos que te drenan, te ponen nervioso o te hacen buscar excusas para evitar estar con esos "amigos" son una señal clara de algo importante: estás lidiando con amistades tóxicas.

Hablar de "amistades tóxicas" no es algo que debas tomar a la ligera. Hay ciertos **comportamientos** específicos que hacen que una amistad que, en teoría, debería ser un apoyo se convierta en una carga emocional. ¿Te reprochan todo? ¿Nunca están contentos por ti? O tal vez intentan minar tu confianza con comentarios sarcásticos que ellos, seguramente, llamarán "broma". Querer estar para alguien no significa que tengas que soportar faltas de respeto o **manipulación** constante. Verás, el tema es sencillo: sí, hay señales para identificar a esos amigos que de verdad están afectando tu bienestar.

Primero, están esas personas que son completamente **negativas**. Siempre que hablas con ellas, solo sacan lo malo de todo lo que ocurre. Si tienes un logro, indudablemente van a encontrar un elemento negativo que destacar para apagar tu emoción. Habrás notado que nunca les parece suficiente nada de lo que haces, y cualquier intento de contar algo positivo se convierte en un "sí, pero..." y rápidamente lo desvían hacia sus problemas. A estas personas no les basta con ser negativas, sino que además intentan contagiarte su malestar.

También hay quienes te hacen dudar de ti mismo, ¿verdad? Pronto empiezas a notar que esas amistades convierten cada conversación en un desgaste, un drama personal donde siempre terminan poniéndote a ti en una posición de culpa o incomodidad. Luego están esos "amigos" que solo se acercan cuando necesitan algo de ti, ya sean favores o indiscriminados quebraderos de cabeza con sus constantes quejas, todo a cambio de poca o nula reciprocidad. Entonces, comienzas a sentir que la amistad no se basa en un genuino interés, y más bien parece que solo existes para ellos cuando les conviene. Bueno, todas esas señales indican que es hora de retomar el control: debes aprender a decir no.

Aquí no se trata de ser cruel ni distante, la solución empieza con la implementación de **límites** bien definidos. Establecer estos límites con amigos difíciles es indispensable. Les dejas claro que no vas a aceptar su mal comportamiento. Con límites sólidos les haces ver que sí, puedes ser su amigo, pero bajo ciertas condiciones que te hagan sentir respetado y valorado. Puede que obtener ese respeto tome tiempo o que al principio esos "amigos" no te tomen en serio cuando empiezas a decir "no", pero créeme, insistir es lo que hace falta para que finalmente comprendan. Y cuando por fin lo entienden, notarás una tremenda diferencia.

Otra cosa: Ponerte fuerte no implica ser grosero. Solo implica trazar una línea bien visible entre lo que es aceptable y lo que no lo es. Ahora bien, uno se preguntará ¿cómo hacerlo sin que quede raro o incómodo? Ese es el asunto, y para resolverlo tengo una propuesta bastante sencilla.

Aquí es donde el "Guion de Límites para Amigos Tóxicos" entra en juego. Este guion, si bien no es una fórmula perfecta para cada situación, te dará una base. Para utilizarlo, cuando notes un comportamiento dañino, dices algo como: "Sabes, he notado que últimamente siempre hablamos de lo mal que van las cosas contigo, y no he tenido mucha oportunidad de compartir cómo estoy yo. Valoro nuestra amistad, pero necesito que también podamos hablar de mis cosas a veces." O si esa persona no respeta los planes que haces, podrías decir: "Siento que últimamente hemos cambiado nuestros planes demasiadas veces. Para mí es realmente importante que respetemos los acuerdos que hacemos, porque también tengo otros **compromisos** que se ven afectados. Por favor, tratémoslo de esa manera la próxima vez." Estas palabras pueden parecer difíciles de decir, pero con práctica, traen un cambio real.

Quizás te cueste poner esto en práctica al principio, pero vale la pena. Escucharás a algunos quejarse o tratar de hacerte sentir culpable cuando les pongas los límites, y puede ser incómodo. Pero son estos pasos necesarios para protegerte y asegurarte de que estás rodeado de personas que verdaderamente te valoran, personas que hacen que la amistad sea algo positivo en tu vida. ¡Te garantizo que al final te vas a agradecer haberlo hecho!

Cultivando amistades mientras se mantienen límites

Hablar de límites suele sonar como algo frío, pero, ¿sabías que los límites pueden ser lo que realmente **fortalece** una amistad? No es algo que todos consideren desde el principio, pero el tiempo, las experiencias compartidas, incluso las discusiones... todo eso contribuye a una amistad sólida. Y estos límites, aunque pueda parecer sorprendente, son las barreras que realmente permiten que esa amistad crezca de manera sana. Porque sin ellos, las relaciones pueden tornarse confusas, y lo que se supone que es afecto y cercanía, termina por agotarte.

Imagina esto: si uno de tus amigos sabe qué es lo que no te gusta o conoce las cosas que necesitas para sentirte cómodo, eso te demuestra un respeto enorme. Es decir, tus amigos van aprendiendo cómo quieres llevar la relación adelante. Estos límites comunican tus **necesidades** y les dice a los demás cómo pueden ayudarte a sentirte feliz, respetado y valorado. No es solo una cuestión de "decir no", es casi como si estuvieras ajustando los cimientos sobre los cuales construyes la relación.

Pero, claro, hay un balance delicado que no todos dominan desde el comienzo. Porque tampoco es cuestión de poner una muralla alrededor tuyo, sobre todo cuando hay cariño de por medio. Por eso, mantener la apertura en una amistad debe combinarse sabiamente con estos cimientos de respeto que tú mismo debes establecer. Es como bailar, sabes: hay momentos de estar más cerca, y otros de dar pasos atrás. Pero el baile no se detiene.

Hay amigos con los que puedes abrirte al máximo, casi sin filtros, y sentirte comprendido. Pero incluso en esos casos, tener claro lo que esperas y lo que estás dispuesto a aceptar, sigue siendo **crucial**. A veces, nos abrimos demasiado y esperamos que el otro lo soporte. Otras veces, mantenemos todo bajo perfil y el otro acaba ignorando lo que realmente necesitamos. Por eso digo, el equilibrio entre la apertura y los límites personales es vital.

Aquí es donde entra en juego la estrategia de "Nutrición de la Amistad con Conciencia de Límites." ¿De qué se trata? Bueno, básicamente ponerte a **escuchar** atentamente. Todo comienza por prestar atención a cómo te sientes después de un encuentro con un amigo, reflexionar sobre si te habías preparado adecuadamente para esa reunión. Pregúntate: "¿Le regalé demasiada energía?" o "¿Compartí lo suficiente para que mi amigo pueda saber cómo ayudarme?" Son reflexiones para ir ajustando la cantidad de apertura y de límites en la relación.

Es un proceso, pero a medida que aprendes a dosificar tu respeto propio mientras aprovechas las buenas **energías** de una amistad, empiezas a notar el crecimiento mutuo. Conversaciones más profundas. Confianza recíproca. Y algo tan sencillo como sentirte bien mientras compartes un café o mientras compartes vivencias personales; ahí es donde verdaderamente se cultivan las amistades fuertes. ¿Ves cómo cuidar una amistad no necesariamente significa alejarse o distanciarse?

Este nivel de conciencia no pretende construir puentes imposibles. Sino alinear necesidades, emociones y límites sobre una base que te hace sentir seguro y acogido, sin dejar de lado la confianza y la reciprocidad. Ahí es donde las relaciones se **enraízan**, y nos cargan de más energía que la que llevan. Entonces, al nutrirse con este enfoque consciente de la amistad, ya no se trata únicamente de compartir - implica respetar, proteger y **fortalecer** esa conexión genuina que tiene el potencial de durar toda una vida.

Ejercicio Práctico: Evaluación de Límites en la Amistad

A veces te resulta difícil saber si las **amistades** que tienes en tu vida son saludables. Aunque quieras evitarlo, es necesario hacer una evaluación sobre cómo estás manejando los límites en tus relaciones. Así que, para comenzar, toma una hoja de papel y un bolígrafo, o abre una nota en tu teléfono. Te voy a guiar para hacer una evaluación práctica de límites en tus amistades.

Primero, haz una lista de tus 5 amistades más cercanas. Piensa en esas personas que ves seguido, con quienes normalmente compartes tus **pensamientos** y emociones. Evalúa cada amistad dándoles una calificación del 1 al 10 sobre cómo sientes que están los límites entre ustedes. Vale ser honesto, ya que nadie más lo va a ver.

¿Ya tienes la lista? Perfecto. Trata de sentir. Ponte en tu lugar y acepta si una relación merece una calificación alta o baja. ¿Esa persona respeta tus opiniones? ¿Invade tu espacio con frecuencia? O por el contrario, ¿sientes que estás poniendo demasiada **energía** en la relación sin reciprocidad?

Luego, es momento de algo más profundo...

Después de listar y evaluar las relaciones, reflexiona sobre posibles problemas de límites o **desequilibrios** en estas amistades. Fíjate bien si alguna de estas relaciones se siente un poco pesada o menos genuina. Tal vez hay una donde siempre eres tú el que tiene que poner los frenos o señalar una falta. Es una sensación de siempre estar "haciendo malabares" para evitar que la otra persona tome más de lo que estás dispuesto a dar. O quizá es alguien que no siempre está cuando lo necesitas, y eso te duele.

Sucede, todos hemos estado ahí.

Te vas a sorprender con lo que podrías descubrir aquí. No te preocupes si sientes cierta **incomodidad** – justo es algo que te está ayudando a ver dónde están los detalles pegajosos. Una vez identificados esos problemas o desequilibrios, podrás pasar a lo que necesitas para convertir lo que no ha sido tan saludable en algo mejor.

Ahora, piensa en un límite específico que pondrías en cada una de estas amistades problemáticas. Esto puede ser tan sencillo como "Voy a dejar de recibir llamadas después de cierta hora" o "No me siento cómodo hablando de este tema con él/ella". Recuerda que poner **límites** no es ser grosero; al contrario, te estás protegiendo y dando valor a la relación tal como debe ser.

Ahora llega lo crucial: **comunicar** esos límites. Quieres que tu amigo sepa que aprecias la relación, pero que también necesitas que esa línea de respeto mutuo sea firme. A lo mejor imaginas tener una conversación enfocada en hacer alguna aclaración, él tal vez necesitará escucharlo no como un reproche, y es más acerca de lo que sientes que necesitas. Sé claro. Sé sincero y repítelo, si es necesario, de distintas maneras hasta sentir que te han entendido.

Finalmente, no dejes que esto se quede en el aire, en buenas intenciones...

Por eso habla de la **acción**. Establece una línea de tiempo en la que decidirás actuar respecto a esos límites y, después de ponerlos en práctica durante unas semanas o al mes, ver qué tal van las cosas. A lo mejor tendrás que ajustar algo, o notarás que tu amistad responde de una buena manera, asentándose en una nueva y más saludable forma de relacionarse.

Este proceso no es tan difícil como suena. Te estás cuidando porque así es como te tomas la relación en serio. Es algo que, más adelante, ambos **agradecerán**.

En conclusión

Este capítulo te muestra la **importancia** de construir y mantener **límites** saludables en tus amistades. Los límites te ayudan a cuidar la **relación** entre amigos para que sea respetuosa, equilibrada y sincera. Al proteger tus valores y tiempo, puedes tener **amistades** que te generen alegría y te permitan crecer. Desarrollar la habilidad para poner límites claros y hablar cuando algo no está funcionando es esencial para mantener relaciones de amistad sanas y justas.

En este capítulo has visto:

• Lo que son los límites en una amistad saludable: respeto, claridad y sinceridad.

• Cómo unos buenos límites pueden fortalecer la **confianza** y el respeto entre amigos.

• La importancia de saber reconocer los signos cuando una amistad está desequilibrada.

• Qué hacer cuando una amistad se vuelve **tóxica** y sobre la importancia de los límites firmes.

- La forma en que los límites ayudan a proteger y cuidar tus amistades más cercanas.

Recuerda que aplicar lo que aprendiste en este capítulo es clave para tener relaciones de amistad donde todos se sienten valorados, respetados y queridos. Siguiendo estos pasos, cuidarás cada una de tus amistades y con eso estarás más cerca de **cultivar** un círculo de amigos genuinos y enriquecedores. ¡Atrévete a poner los límites necesarios para **disfrutar** de amistades más plenas!

Capítulo 13: Manteniendo y Ajustando Límites

¿Alguna vez has sentido que tus **límites** no se ajustan a lo que está pasando en tu vida? Yo también. A veces, con todo lo que sucede a tu alrededor, esos límites que antes parecían perfectos... empiezan a apretar un poco o tal vez se aflojan demasiado. En este capítulo, vamos a **explorar** juntos cómo hacer pequeños **ajustes** que harán una diferencia gigante en tu **bienestar**.

Porque sé que mantener esos límites firmes no siempre es fácil. Y la verdad, solo tú sabes cuánto han **cambiado** tus prioridades y cuáles son ahora tus retos. Este capítulo te va a ayudar a **revisarlo** todo: lo que funciona, lo que no, y qué toca **reparar**. No te preocupes, que de todo aprenderemos a reconocer y **celebrar** nuestras pequeñas victorias. ¿Te animas a empezar conmigo?

Chequeos Regulares de Límites

Tener **límites** claros es como tener un mapa para tu vida: te ayuda a entender hasta dónde puedes llegar sin perderte. Pero... los mapas necesitan actualizarse de vez en cuando, ¿verdad? Lo mismo pasa con tus límites. **Evaluarlos** periódicamente es esencial. Te puedes preguntar, "¿por qué?" Bueno, es porque tú cambias, tu vida cambia y lo que necesitas hoy tal vez no sea lo mismo que lo que necesitabas hace unos meses. A veces, las fronteras que estableces sirven genial en un momento, pero luego... te das cuenta que algo ya no encaja como antes.

Tomarte el tiempo para **reflexionar** sobre tus límites te da la oportunidad de revisar si están funcionando bien. Es como hacer el mantenimiento de una casa: necesitas asegurarte de que las paredes no tengan grietas y que las puertas sigan cerrándose bien. Pues, con tus límites es igual.

La Importancia de Evaluar tus Límites

Cada cierto tiempo, como cada mes o cada trimestre, debes preguntarte a ti mismo si estás cómodo con los límites que tienes actualmente. Tal vez te sientes saturado porque has dejado pasar algunas cosas, o puede que ya no te haga bien mantener ciertas distancias con alguien. Es fácil olvidar **ajustar** nuestros límites cuando estamos ocupados, estresado o simplemente nos hemos acostumbrado demasiado a una situación. Sin embargo, mantenerse en esa zona de comodidad puede en realidad ser perjudicial.

Así que, dedicar un rato a hacer un chequeo interno te permitirá identificar si algo ha cambiado. Es mejor corregir a tiempo, antes de que los pequeños problemas se conviertan en molestias constantes.

Hacer una Auditoría Personal de Límites

¿Cómo haces esto, te preguntas? Hazlo tranquilo, tómate una hora, un café – o lo que sea que te ponga en un modo reflexivo – y empieza por pensar en cada aspecto de tu vida. ¿Cómo han sido tus **relaciones** últimamente? ¿Cómo te sientes respecto a ciertas situaciones en el trabajo, en casa o con amigos? Aquí es clave ser completamente sincero contigo mismo. Piensa bien en las veces que te has sentido incómodo, resentido o algo más frustrado de lo normal. Esas son señales de que tus límites quizás necesiten un ajuste.

Anota esos momentos, haz una lista, y surge la pregunta: "¿Qué debo hacer al respecto?". Es posible que te des cuenta que necesitas decir no más a menudo, o tal vez, ser más abierto con tus necesidades. Una **auditoría** personal es mega eficaz cuando pasas de la reflexión a la acción concreta.

Revisión Mensual de Límites

Otra buena idea para mantener tus límites bien afinados es hacer una "revisión de límites" cada mes. Un chequeo rápido y simple que, si lo practicas, puede ser una herramienta poderosa. El mismo día cada mes, enciende una vela o pon una canción que te relaje... y dedícate unos minutos a mirar hacia atrás. Aquello que te relaja, has de buscarlo.

Hazte algunas preguntas: ¿Me he sentido bien al mantener mis límites este mes? ¿Hubo algo que me hizo sentir sobreexpuesto, abrumado o angustiado? Con calma, medita en las **respuestas** y piensa, ¿en qué puedes trabajar este mes? No tienes que dar saltos gigantes – pequeños cambios también suman. Quizás solo necesites tener una conversación pendiente... o darte más espacio en la agenda.

Estas revisiones regulares no van de ser perfecto, sino de ser honesto con lo que necesitas para sentirte bien, sin importar que cambie el mes, la estación, incluso las **estaciones** de la vida.

Te servirán.

Adaptando los límites a medida que la vida cambia

A veces en la vida ocurren cosas importantes que necesitan ajustar cómo manejas tus **límites**. Es normal — la vida nunca es estática,

¿verdad? **Cambios** como empezar un trabajo nuevo, tener hijos, o mudarte a una nueva ciudad pueden desordenar lo que antes parecía claro. Antes todo iba bien; sabías cómo decir sí o no. Pero llega un evento importante, y de repente esos límites ya no funcionan igual.

Hablemos, por ejemplo, de cuando decides formar una **familia**. Es un cambio enorme. Antes tenías tiempo para ti mismo y para alimentar esas relaciones que te daban alegría. Pero con un bebé, todo cambia. Como te imaginarás, mantener los mismos límites de antes mientras cuidas de un ser tan pequeño puede volverse imposible. Vas a necesitar reajustar qué tiempo dedicas a qué persona o actividad. Y si te dejas llevar por la corriente sin hacer esos ajustes, podrías encontrarte sintiéndote agobiado o, peor, descuidando cosas que de verdad importan.

Es en estos momentos cuando tienes que parar y cuestionarte tus límites actuales. Pregúntate: ¿Qué cosas han cambiado y cómo afecta eso lo que puedes tolerar o lo que necesitas proteger? Es como si necesitaras un momento de "**reajuste** total". Reflexiona sobre tus interacciones diarias: qué ha cambiado en tu entorno, en tus responsabilidades y también en tu disposición para aceptar ciertas situaciones o para bloquear lo que no te sirve. Lo importante es tomarte ese tiempo para verdaderamente pensar, porque muchas veces estamos tan ocupados adaptándonos, que no nos detenemos a evaluar cómo nuestros límites necesitan cambiar con nosotros.

Ahora, eso de ajustar los límites no es tan sencillo como suena, pero hay trucos que pueden ayudarte. Uno de ellos es lo que llamo "Ajuste de Límites en **Transiciones** de Vida". Básicamente, trata de ser proactivo; en lugar de dejar que las circunstancias dicten todos tus movimientos, tú tomas el control acomodando los límites alrededor de la vida que tienes ahora. Empezar es fácil: anota qué cosas han cambiado y qué nuevas demandas tienen tus días. Luego, establece cuáles de tus límites siguen siendo útiles y cuáles, inevitablemente, deben modificarse o incluso desaparecer del todo. Como cuando te mudas de casa—no llevas todo contigo, solo lo necesario y valioso.

Por último, lo más importante aquí es que no te pongas **presiones** innecesarias. Adaptar tus límites es parte del mismo proceso de crear una vida que realmente funcione para ti. Hay que ser **flexible** y permitirte ese espacio para probar qué funciona y qué no, sin castigarte si hay ajustes que no resultan instantáneamente. Quién sabe, a lo mejor descubres que te sientes mejor dejando a un lado ciertas obligaciones o diciendo sí a menos cosas para enfocarte en lo que realmente importa. Así es la vida; todo se mueve y, con estos pasos, puedes mantener la **paz** mientras sigues adelante con las transiciones que trae el tiempo.

Reconstruyendo límites después de violaciones

Cuando alguien traspasa tus **límites**, es posible que sientas que todo se desmorona. Reconocer y abordar esas violaciones es esencial, pero no siempre es fácil. Para comenzar, debes aceptar que ha ocurrido una violación. No basta con ignorar o restar importancia al hecho. Debes enfrentarlo de frente. Quizás sientas enojo o decepción —y está bien sentirlo— porque los límites son una protección personal.

Abordar la violación implica **comunicar** abiertamente lo que ha sucedido. No te guardes la sensación de que algo ha cambiado o que te han faltado al respeto. Hablar con la persona involucrada, de manera calmada pero firme, es el primer paso. Exprésale cómo te sientes y deja claro que lo que pasó no está bien. No hace falta que digas demasiado. Con ser claro es suficiente. "Lo que sucedió no me hizo sentir bien y necesito que me entiendas; necesito que esto no vuelva a ocurrir" puede ser un buen punto de partida.

Después de reconocer lo que pasó y haber hablado, es natural sentirse desconfiado. Recuperar la **confianza** llevará tiempo, pero es posible. Aquí es donde entra en juego el proceso para restablecer la confianza después de que tu límite fue violado. Primero, es importante observar si la otra persona reconoce su error y muestra disposición de cambiar. No vas a confiar automáticamente de nuevo. No tiene que ser todo directo ni resolverse en un solo paso. Va poco a poco.

Para recuperar la confianza, ambos tienen que **comprometerse**. Es decir, si la persona que traspasó tu límite hace un esfuerzo por mostrar con acciones que respetará tus necesidades, será posible reconstruir esa relación sobre bases nuevas. De tu parte, cuidar ese límite de nuevo requerirá prestar atención y ser firme sin cerrarte completamente. Es cuestión de darle tiempo a que el cambio tenga sentido y peso.

Quizás el paso más práctico —y necesario— para sanar es el plan de "**Reconstrucción** de Límites". Este plan tiene varios enfoques necesarios. Primero, define esos nuevos límites o los ajustes que necesitas hacer a tus límites actuales. Reflexiona sobre cómo has dejado que alguien traspasara un límite y cómo no ocurriría si el límite fuese diferente. Define qué permitirás y lo que ya no tolerarás en adelante.

Después, comparte esos nuevos límites con la persona. Esto incluye tener **discusiones** más específicas sobre cuáles serán esos nuevos límites a respetar. Deberás decirle: "Desde ahora, respeto es no cruzar los límites que hemos conversado. Requiero que respetes mi espacio personal y mis decisiones". Esto clarificará cualquier ambigüedad.

Finalmente, mantente alerta. Si sientes que los límites no se están respetando otra vez, tendrás las herramientas para abordarlo rápidamente. Notarás que reconstruir y ajustar límites es algo continuo, pero también necesario para sentirte respetado y seguro.

Restablecer estos límites no se limita al mundo externo. También necesitas revisar tus propios **compromisos** internos. Asegúrate de no abandonar tus propios límites en el proceso de sanar la relación con los demás. Es un equilibrio que requiere trabajo y a veces, decir 'no' más veces de las que quisieras —pero vale la pena.

Con esto en mente, aplicar tanto reconocimiento como comunicación abierta —junto con **adaptación** de los límites— te ofrecerá un camino más claro para sanar las relaciones y cuidarte al mismo tiempo.

Celebrando los éxitos de los límites

Uno de los pasos más importantes en el camino hacia el establecimiento de **límites** sólidos es reconocer y celebrar el progreso que has hecho. A veces, puedes estar tan enfocado en alcanzar tus objetivos, en "llegar" a tu meta final, que te olvidas de mirar atrás y apreciar cuánto has avanzado. Pero... es esencial detenerte y ver lo bien que lo has hecho. Cada vez que dices "no" cuando antes te hubiera costado hacerlo, cuando priorizas tu **bienestar**, cuando te das cuenta de que tus relaciones están mejorando porque tus límites están funcionando, eso es un éxito gigante. Y sí, merece ser celebrado.

Celebrar estos logros va mucho más allá de sentirte bien en el momento. Cuando reconoces que has alcanzado una meta en la que has trabajado, refuerzas tu **compromiso** de mantener esos límites. Digamos que le dices a tu compañero de trabajo que no puedes cubrir su turno esta vez; celebrar ese pequeño pero poderoso acto de poner tus necesidades primero, ayuda a que te fortalezcas, a que la próxima vez lo hagas con más confianza y sin sentirte culpable. Es una especie de ciclo positivo: lo realizas, te felicitas, refuerzas tu determinación, y lo logras de nuevo.

Por supuesto, no estamos hablando de grandes fiestas cada vez que defines un límite. A veces, una celebración puede ser algo simple, como tomarte un momento para respirar profundamente y reconocer lo valiente que fuiste. O darte un pequeño gusto... como un chocolate después de una difícil conversación. No necesitas hacer algo ostentoso, lo que importa es que te reconozcas a ti mismo y te permitas sentir **orgullo** por el progreso que estás haciendo.

Una herramienta sencilla pero efectiva para estar al tanto de tus éxitos de límites es el "Registro de Victorias de Límites". ¿Qué es esto? Bueno, imagínate tener una libreta, un cuaderno o una aplicación en tu teléfono donde anotar cada uno de esos momentos donde has hecho respetar tus límites. No importa cuán modestos parezcan, escríbelos todos. Imagínate poder hojear esas páginas, recordando cada una de esas victorias. Con el tiempo, verás cuánto te has transformado, cuánto han mejorado tus relaciones y qué tan firme te has vuelto.

Este "Registro de Victorias de Límites" no solo es para tus buenos días, cuando todo fluye, sino especialmente para esos días difíciles. Es fácil dudar de ti mismo cuando te enfrentas a un **desafío**, pero tener este registro te da la prueba tangible de que sí puedes mantener tus límites. Es tu manera de reafirmar que esos momentos donde has tenido el coraje de priorizarte no fueron coincidencia, sino el resultado de un esfuerzo continuo... y que vale la pena seguir en ese camino.

Así que cuando tomes una decisión bien fundamentada respecto a un límite, tómate un par de minutos para anotarlo en tu registro. Estás construyendo algo muy bueno y poder ver tu avance reflejado te ayudará a no tirar la toalla cuando la situación se ponga difícil. Mantén ese registro cerca, que te servirá de recordatorio de lo lejos que has llegado —y de lo bien que lo estás haciendo.

En fin, celebrar tus logros y tener un lugar para anotarlos no solo te ayuda a mantener firmeza en tus decisiones, sino que se convierte en una fuente de **motivación** constante. No te olvides de darte un poco de amor propio en el camino, porque al final, todo esto no es solo sobre límites; es también sobre cuidarte, respetar tu **bienestar**, y ser tu mejor **versión**.

Ejercicio Práctico: Creando Tu Plan de Mantenimiento de Límites

Vamos a empezar creando una lista de tus **límites** clave en varias áreas de tu vida. Piensa en todas esas fronteras invisibles que te ayudan a mantener el **equilibrio**, como en el trabajo, con la familia, y en las amistades. ¿Cuándo decides que es suficiente? ¿Qué acciones ya no estás dispuesto a tolerar? Aquí, toma papel y lápiz (o tu dispositivo preferido) porque este paso es ENORME. Escribe todo. Desde lo que haces cuando estás en el trabajo, cómo manejas tus comunicaciones con la familia, y qué tipo de energía permites en tu círculo de amistades. Todos estos son fronteras que, aunque a veces pasan desapercibidas, son súper importantes para tu bienestar.

Por ejemplo, en el trabajo, podrías establecer que no revisas correos después de las 7 p.m. Con la familia, quizás decides que los domingos por la tarde es tu tiempo sagrado, sin interrupciones. Cada uno de estos límites te devuelve una parte de ti, y es crucial tenerlos claros para proteger tu **energía** y tiempo.

Ya que tienes tus límites bien establecidos en varias áreas, es hora de pensar en los **desafíos** que podrías enfrentar al mantenerlos. Súbele un poco la dificultad al ejercicio: pregúntate, ¿qué personas o situaciones van a poner a prueba esa línea que dibujaste? A veces, parece fácil decir "esto es lo que haré", pero cuando la realidad aparece con todo su desorden, comienzan a surgir retos.

Por ejemplo, si has decidido que no revisarás correos después del horario laboral, ¿qué pasará cuando tu jefe envíe un mensaje urgente? Si has establecido un tiempo de descanso en tu casa los domingos por la tarde, ¿qué harás cuando un familiar insista en visitarte sin previo aviso? Centrarte en estos posibles desafíos te ayudará a no soltarte fácilmente, o mejor dicho, a no ser igual de flexible al abordar esas fronteras que con tanto esmero forjaste.

Ya que tienes claro los desafíos, la siguiente parte es desarrollar **estrategias** para contrarrestarlos y reforzar esos límites. Aquí no hay respuestas enlatadas. Toma unos minutos (o más) para pensar en formas creativas, ingeniosas, o simplemente prácticas de resistir la tentación de claudicar. A veces puede ser tan simple como introducir una respuesta automática de correo diciendo que estarás disponible al día siguiente. O como alguien que discreta pero firmemente recuerda a los miembros de su familia: "Me encantan tus visitas, pero, ¿podemos planificarlo un día que sepa que estaré fresco y descansado?".

Saca tu **creatividad**, porque al fin y al cabo estas barreras son tuyas para que funcionen, y deben diseñarse a tu manera. Y la pena o la culpa no son parte de esta historia; hacer estos ajustes sólo refuerza la narrativa de que tú también estás comprometido con hacer tiempo para cuidar de ti mismo y tus necesidades indispensables.

Una vez que tengas todas tus estrategias en marcha, es fundamental establecer un calendario de **revisiones** periódicas de tus límites. Porque los límites, como tú mismo, van cambiando. Quizás lo que funcionó durante la primavera ya no aplica en otoño, tal vez cambie tu dinámica laboral, o tal vez simplemente quieras ajustar uno de tus acuerdos. Todo este trabajo de mantener y ajustar tus límites no nace con la rigidez, sino que lo vas actualizando según tus necesidades actuales.

Es súper útil programar una revisión mensual o trimestral en tu agenda. Algo así como un chequeo personal para ver si estás todavía alineado con esos límites que te hacen sentir en control de tu vida.

Para terminar, y no por ello menos importante, ponte a diseñar un sistema de **recompensas** por honrar tus propios compromisos y límites. Anímate, te lo mereces. Nadie como tú para saber lo duro que es sostener la línea ante las exigencias externas, así que, date el gusto. Tal vez al final del mes, si lograste mantenerte firme en lo que prometiste, puedes celebrar con una noche de spa o simplemente con tu postre favorito. Y esos momentos de celebración son oportunidades increíbles para motivarte a continuar en este poderoso sendero de respetar y fortalecer tus límites.

Ahora, con todo eso creado, estás más que preparado no solo para mantener, sino para ajustar y celebrar todas esas decisiones que transforman tu cotidianidad, una elección a la vez.

En conclusión

Al llegar al final de este capítulo, has ganado **herramientas** importantes para cuidar y ajustar tus límites personales para mejorar tu vida. Con pequeñas acciones diarias, puedes proteger tu **espacio** y construir relaciones más saludables. Seguir revisando y adaptando tus límites te ayudará a mantener el **control** y no sentirte abrumado. Estos son los puntos clave que has aprendido:

• Revisar regularmente tus límites es clave para ajustarlos y mantenerlos saludables.

• Es siempre importante hacer una autoevaluación de tus límites.

• Tener un "Plan Mensual de Revisión de Límites" te ayudará a mantener el rumbo.

• Ten cuidado con los grandes **cambios** de vida; en esos momentos, tus límites deben ser revisados.

• Reconstruir límites después de algún error es esencial para sanar y seguir adelante.

Recuerda que esto no es un **camino** recto ni perfecto, y está bien ajustar tus límites conforme los necesites. Los límites son **protecciones** que puedes moldear según tus propios valores y necesidades. Los límites son como un traje a medida: deben adaptarse perfectamente a ti y a tu **situación**. ¡Ahora depende de ti aplicarlo en tu día a día! No te desanimes si al principio cuesta un poco; con la práctica, establecer y mantener límites saludables se volverá más natural.

Para concluir

El propósito de este libro ha sido proporcionarte las **herramientas** necesarias para que recuperes el control de tu vida estableciendo límites saludables. Al aprender y aplicar los principios compartidos aquí, estás en camino hacia una existencia en la que tus necesidades, deseos y límites son respetados, tanto por ti mismo como por quienes te rodean.

Un breve repaso: empezaste por **comprender** qué son los límites y su importancia en el crecimiento personal. Identificaste cómo es tu situación actual y desmontaste algunos mitos sobre los límites que podrían haber impedido tu progreso.

Luego, subrayamos los pilares sobre los cuales se sustentan los límites saludables. Con la **autoconciencia** y los valores personales como fundamento, reconociste tus necesidades y limitaciones, esenciales para incrementar tu autoestima y desarrollar una identidad sólida.

Examinaste la dimensión psicológica de los límites, viendo cómo afectan tus relaciones y la forma en que experiencias pasadas moldean la manera en que los estableces. Además, descubriste los múltiples beneficios de tener límites saludables y cómo superar las barreras psicológicas al hacerlo.

Pasamos a explorar los distintos tipos de límites que dominan tu vida: físicos, emocionales, mentales, de tiempo y energía, esenciales para acotar con precisión dónde estás y qué áreas necesitan tu atención.

Posteriormente, profundizaste en las leyes de los límites, que te ayudaron a entender conceptos como la responsabilidad y el respeto, y cómo aplicarlos de manera activa en tu día a día.

La importancia del "no" quedó clara: **decir "no"** sin culpa es una de las herramientas más poderosas que tienes. Practicaste técnicas para hacerlo de forma asertiva, incluso cuando enfrentas resistencia.

Aprendiste también a establecer límites claros y a **comunicarlos** con efectividad, cuidando de mantenerlos ante aquellos que suelen intentar violarlos.

Descubriste cómo los límites crean respeto mutuo en diversas relaciones – desde familiares y amistosas hasta laborales – enseñando a los demás a respetarte al mismo tiempo que tú respetas sus límites.

¿Qué sigue ahora? Al integrar estas prácticas en tu vida, experimentarás un cambio positivo que se reflejará en la calidad de tus relaciones, tu autoestima y tu tranquilidad mental. Una vida donde puedas decir "no" sin culpa y crear límites sólidos te traerá mayor armonía y equilibrio, permitiéndote enfocarte en lo que realmente te importa, sin distracciones innecesarias.

Tienes en tus manos el poder de **transformar** tu vida a través del control consciente de cómo interactúas con el mundo que te rodea. Nunca es tarde para empezar y para seguir puliendo tus límites.

¡Únete a mi Equipo de Reseñas!

¡Gracias por leer mi **libro**! Espero de verdad que estés disfrutando la lectura. Sabemos lo **valioso** que es recibir opiniones sinceras, y por eso me encantaría invitarte a formar parte de mi Equipo de Reseñas (ARC).

Si eres un **lector** ávido y te gusta dejar reseñas honestas, esta es una gran **oportunidad** para ti. Al unirte al equipo, recibirás copias anticipadas de mis futuros **libros**, ¡todo a cambio de tu valiosa opinión!

Cómo unirte a mi Equipo de Reseñas (ARC)

• Haz clic en el **enlace** que aparece al final de esta página.

• Regístrate con tu dirección de correo **electrónico** para recibir notificaciones.

• ¡Listo! Recibirás una copia gratuita de mi próximo libro y podrás compartir tus **pensamientos**.

Check out the team at this link:

https://pxl.to/loganmindteam

¡Ayúdame!

Cuando termines de leer, tu opinión importa más de lo que imaginas.

Apoyar a un autor independiente significa apoyar un **sueño**. Cargar estas palabras significa más que la tinta que las escribe; significa todo el **esfuerzo**, la dedicación y la **pasión** que se ha volcado en este libro.

Si estás satisfecho, por favor considera dejar una opinión honesta. Puede tomar sólo unos segundos de tu tiempo, pero tu **voz** tiene un impacto enorme. No solo ayudas a cambiar la vida de un escritor, sino también a otros **lectores** que buscan su próxima aventura.

Puedes enviar cualquier sugerencia sobre cómo mejorar, o simplemente compartir tus pensamientos. Estaré encantado de saber cómo puedo ofrecerte una mejor **experiencia** en el futuro.

Si prefieres, simplemente escanea el código QR que verás más abajo para ubicar el enlace después de seleccionar tu libro.

Tu **contribución** hace una gran diferencia y se te agradece muchísimo.

Visita este enlace para dejar una opinión:

https://pxl.to/11-tpob-lm-review

www.ingramcontent.com/pod-product-compliance
Lightning Source LLC
Chambersburg PA
CBHW050238120526
44590CB00016B/2144